O Processo da Iluminação Espiritual

Um Método para Compreender a Consciência Cósmica ou Fundamental

JUDITH BLACKSTONE

O PROCESSO DA ILUMINAÇÃO ESPIRITUAL

UM MÉTODO PARA COMPREENDER A CONSCIÊNCIA CÓSMICA OU FUNDAMENTAL

Tradução
CLAUDIA GERPE DUARTE

EDITORA PENSAMENTO
São Paulo

Título do original:
The Enlightenment Process
How it Deepens your Experience of Self, Body and Community

Publicado originalmente nos Estados Unidos em 1997
por Element Books Inc., Rockport, USA.

Edição	Ano
1-2-3-4-5-6-7-8-9	99-00-01-02

Direitos de tradução para a língua portuguesa
adquiridos com exclusividade pela
EDITORA PENSAMENTO LTDA.
Rua Dr. Mário Vicente, 374 — 04270-000 — São Paulo, SP
Fone: 272-1399 — Fax: 272-4770
E-mail: pensamento@snet.com.br
http://www.pensamento-cultrix.com.br
que se reserva a propriedade literária desta tradução.

Impresso em nossas oficinas gráficas.

SUMÁRIO

ÍNDICE DOS EXERCÍCIOS

O *eu* precisa primeiro ser desenvolvido, durante uma fase psicológica de crescimento, e, depois, de algum modo, ser destruído e transcendido numa fase espiritual.

⇓ este livro

Individuação e transcendência ocorrem simultaneamente e não de forma sequencial.

INTRODUÇÃO

Atualmente, um dos debates mais difíceis e interessantes no campo do desenvolvimento pessoal refere-se à questão da existência ou não do eu. Quase todos os psicólogos concordam em que um eu plenamente individuado é a meta da maturidade humana, mas eles divergem amplamente na maneira como descrevem esse eu individuado ou "total". Muitos mestres espirituais afirmam que a idéia do eu é ilusória e que a crença no eu é um dos grandes obstáculos ao progresso espiritual. Para os buscadores contemporâneos, que são, em sua maioria, pragmáticos e não-sectários, e querem apenas "ir em frente", esse conflito de idéias é com freqüência uma fonte de dúvida e confusão. Eles indagam: se devo me tornar mais consciente dos meus sentimentos e necessidades, se devo pensar por mim mesmo e manter meus limites, como irei alcançar a unidade cósmica e o amor incondicional prometido nos ensinamentos espirituais? Devo então sentir que eu não existo? E se eu não sou de fato um eu separado, como posso aceitar a idéia de viver nesta forma separada? Se a experiência do meu corpo também é ilusória, como devo encarar as sensações e desejos associados ao corpo?

Este livro trata do relacionamento entre o sentimento do eu e a unidade entre o eu e o cosmo vivenciada na transcendência espiritual. Quase todas as pessoas que escreveram sobre este tema disseram que o eu precisa primeiro ser desenvolvido, durante uma fase psicológica de crescimento e, depois, de algum modo, ser destruído e transcendido numa fase espiritual. Creio que essa formulação reflete uma interpretação errônea, tanto da experiência da autêntica abnegação quanto da experiência da transcendência espiritual.

A mensagem fundamental deste livro é que individuação e transcendência ocorrem simultaneamente e não de forma seqüencial. Embora teoricamente possa parecer paradoxal, a efetiva experiência da maturidade pessoal é ao mesmo tempo o sentimento de que verdadeiramente existimos na nossa forma distinta e de que formamos uma continuidade e uma unidade com todas as outras formas do ambiente que nos cerca e do cosmo. Desenvolvemos a sensação simultânea de que temos mais substância e de que somos mais permeáveis. Nos capítulos que se seguem descrevo como a nossa dimensão mais fundamental de consciência é a base, tanto do sentimento do eu quanto da transcendência espiritual. O sentimento do eu e o da experiência da unidade cósmica se desenvolvem ao mesmo tempo, da mesma maneira, com a percepção da consciência fundamental.

Eu a chamo de *consciência fundamental,* mas ela tem recebido muitos nomes na literatura espiritual mundial. Os budistas a chamam de vazio ou natureza do Buddha, descrevendo-a como a base prístina da vida. Os hindus a chamam de Brahman, descrevendo-a como a consciência pura, incondicionada. No Ocidente, ela tem sido chamada de Divindade, consciência cósmica e consciência unitária.

A consciência fundamental está além dos nossos conceitos, das nossas projeções psicológicas, das nossas imagens e arquétipos. Ela é mais profunda do que os níveis físico e energético do nosso ser. A metafísica hindu ensina que energia e matéria física são transformações da consciência pura, de modo que o nosso ser, e todas as outras formas da natureza, são basicamente formados de consciência pura.

A consciência fundamental é vivenciada como um espaço claro, aberto e unificado que permeia o nosso corpo e o nosso ambiente, transcendendo a dualidade do eu e do objeto. Como a consciência fundamental não é um conceito mental nem tampouco um objeto da consciência e, sim, a consciência propriamente dita, é difícil compreendê-la sem que a tenhamos experimentado. Uma imagem freqüentemente usada para transmitir a experiência da consciência fundamental é o espelho, porque a consciência fundamental reflete tudo o que ela permeia, ao mesmo tempo que permanece vazia e imutável. A consciência fundamental não é efêmera, como tudo o que ela reflete. Ela se mantém firme como um espelho enquanto cada momento de sensação, emoção, pensamento, percepção e ação ocorre e desaparece no seu reflexo.

A consciência fundamental não apenas permeia, como é a base de cada célula do nosso corpo e de cada átomo do universo. Como impregna o nosso corpo, ela é o fundamento da nossa individualidade como um todo. Como permeia o universo, é a base da nossa unidade, de nossa continuidade com a natureza.

Nas tradições orientais, a percepção da consciência fundamental é chamada de iluminação. Muitas pessoas hoje em dia estão prontas para a iluminação, e são atraídas pelos profundos ensinamentos orientais. Mas esses ensinamentos podem reduzir o caminho espiritual a um labirinto exótico, se não compreendermos um fato essencial: iluminação é um termo relativo. Começamos por entrar parcialmente em sintonia com a consciência fundamental, e pouco a pouco nossa sintonia se aprofunda e se expande. Segundo a metafísica oriental, o processo da auto-realização completa a si mesmo na extinção suprema do eu individual. Poderíamos supor, a partir desta afirmação, que nos tornamos mais inexistentes à medida que progredimos, mas estaríamos errados. Durante a longa duração do nosso caminho rumo à completa iluminação, nós nos tornamos cada vez mais o nosso eu individual. Transcendemos o nosso eu individual enquanto completamos o nosso eu — entrando gradualmente em sintonia com a consciência fundamental pela nossa forma como um todo.

Como irei explicar, percebemos a consciência fundamental entrando em contato com o canal sutil que se encontra na essência vertical do nosso corpo. Quanto maior o acesso que temos a esse canal, mais percebemos a consciência fundamental que permeia o nosso corpo e o nosso ambiente. Por conseguinte, a individuação e a transcendência ocorrem como resultado de penetrarmos na essência vertical do corpo. Individuação e transcendência são absolutamente o mesmo processo.

Quando entramos em contato com a essência vertical e entramos em sintonia com a dimensão mais fundamental do nosso corpo, começamos a desfrutar as possibilidades naturais de estarmos envolvidos no nosso corpo, tais como a compreensão, o amor, o poder e a sexualidade. Isso nos confere a sensação de totalidade. Sentimos simultaneamente todo o nosso corpo, como também todas as qualidades básicas do nosso ser. Não apenas temos conhecimento *a respeito* do nosso eu (nossa história, preferências e assim por diante); nós conhecemos o nosso eu, nós sentimos nosso ser. Até aquele longínquo momento em que iremos conhecer completamente nosso ser, a nossa experiência do ser se desenvolverá em torno de um núcleo de integração que é a nossa perspectiva individual e exclusiva, nossa localização ímpar no vasto e ilimitado espaço da consciência fundamental. Quando tentamos erradicar o sentimento do eu, impedimos nosso progresso espiritual e nos privamos da grande alegria de nos tornarmos completos. Este livro trata de uma fase do desenvolvimento pessoal que geralmente é menosprezada tanto na literatura psicológica quanto na espiritual: o aprofundamento gradual da iluminação, que se segue à percepção inicial da consciência fundamental. Nessa fase, aprendemos a viver no espaço vazio e difuso da consciência fundamental, unidos com o ambiente que nos cerca e com o cosmo, ao mesmo tempo que nos tornamos integrados, vivos e completos dentro do perímetro do nosso corpo.

Para descrever o relacionamento entre o sentimento do eu e a transcendência espiritual, é importante que esses termos sejam claramente compreendidos. No Capítulo 1, defino a iluminação e descrevo a experiência de viver na dimensão da consciência fundamental. Esta é uma mudança radical, passando-se de uma percepção fragmentada do eu e do outro para uma experiência da nossa vida interior e exterior, na medida em que esta ocorre num campo de consciência único e ininterrupto. As barreiras entre o nosso eu e a nossa experiência, que talvez desconhecêssemos, se dissolvem e descobrimos que estamos em contato vívido e imediato com a vida.

O Capítulo 2 apresenta quatro interpretações diferentes das palavras eu e abnegação, palavras que são freqüentemente confundidas pelos discípulos espirituais: o eu verdadeiro ou essencial, o falso eu, a abnegação ética e a suprema abnegação. Descrevo qual a sensação de nos tornarmos um eu essencial e de que modo as qualidades inerentes à consciência fundamental nos conferem um autêntico sentimento do eu.

O Capítulo 3 gira em torno da relação da cura psicológica com a iluminação. O avanço rumo à iluminação é um processo humano natural e espontâneo. O sentimento florescente do eu e do outro na criança evolui naturalmente em direção à individuação madura e à unidade cósmica do mestre espiritual, ou evoluiria se não fosse o inevitável aprisionamento da dor da infância no corpo. Nessa parte do livro descrevo como ocorre esse aprisionamento psicológico, como ele impede a percepção da consciência fundamental e como ele pode ser liberado.

O Capítulo 4 trata da relação entre o eu e o outro na dimensão da consciência fundamental. No relacionamento cotidiano com as pessoas, a mudança da fragmentação para a unidade da iluminação corresponde a uma mudança da nossa noção de limites. Num nível, os limites são uma questão de quanto damos aos outros, de quanto nos permitimos receber dos outros e do que consideramos invasão ou abuso. Mas existe um nível de limites mais sutil, que pode ser descrito como a colocação da nossa consciência, com relação ao nosso corpo e ao corpo das outras pessoas. Como explicarei, a maioria das pessoas criam limites artificiais para separá-las dos outros, ou tentam viver sem limites, perdendo o contato com o próprio corpo e com o eu para se ligarem às outras pessoas. Com efeito, quase todos nós conseguimos fazer as duas coisas.

Quando nos tornamos iluminados, percebemos que nossa dimensão fundamental de consciência forma um todo contínuo com a consciência fundamental das outras pessoas. Não existe realmente uma barreira entre nós. Ao mesmo tempo, estamos começando a viver no núcleo vertical do nosso corpo e a nos relacionar com o mundo a partir desse núcleo mais profundo. O deslocamento interior em direção ao nosso núcleo é uma perspectiva que se aprofunda em relação ao mundo; é como se estivéssemos nos relacionando com os outros de uma distância maior. Temos a sensação de que estamos descobrindo a verdadeira distância em relação às outras pessoas, ao mesmo tempo que descobrimos a unidade existente entre nós. Também estamos começando a sentir nossa forma distinta no espaço, nossa totalidade individual. Na dimensão da consciência fundamental, vivenciamos simultaneamente a nossa totalidade e a nossa unidade com as outras pessoas. Experimentamos a ligação mais profunda possível, sem nenhuma perda do nosso eu.

No Capítulo 5, mostro como a percepção da consciência fundamental transforma não apenas o corpo, mas também nossa experiência da personificação. Nosso sentido de identidade se desloca da superfície muscular do corpo para a dimensão fundamental da consciência pura e unificada que permeia o nosso corpo. Eu descrevo como essa mudança afeta a respiração, o uso dos sentidos, o bem-estar físico e a saúde, e nossa relação com a gravidade.

O Capítulo 6 descreve de que modo a nossa unidade subjacente com a ampla dimensão da consciência fundamental, que permeia todo o cosmo, instrui e orienta o nosso progresso em direção à iluminação. Existe um constante diálogo entre o eu incompleto e o todo da consciência fundamental cósmica, que pode ser mantido conscientemente pela comunhão com a natureza, pela meditação, pela visualização e pela prece. O mecanismo do desenvolvimento pessoal não se encontra nem dentro nem fora do indivíduo, e sim no relacionamento do indivíduo com o cosmo.

Um dos meus objetivos ao escrever este livro é retirar a noção de iluminação da esfera da fantasia e da especulação esotérica. Ser iluminado significa compreender a própria natureza como consciência fundamental. A iluminação está disponível para todos — ela é um direito nosso inato, o resultado natural do amadurecimento humano. A realidade suprema é apenas a realidade, claramente vivenciada. Uma vez sentida, ela é inconfundível; temos a capacidade inerente de reconhecer a realidade. A iluminação não é uma abstração ou fantasia, e sim o nosso sentimento mais concreto de existência real, da nossa afinidade normal e natural com todas as outras pessoas, animais, plantas, oceanos, montanhas, planetas e estrelas.

O modelo do desenvolvimento pessoal apresentado neste livro se baseia na minha experiência particular e na experiência de inúmeras pessoas cujo crescimento tive o privilégio de testemunhar como professora e terapeuta. Embora eu tenha tido muitos mestres, minha maneira de ver as coisas recebeu sua maior influência dos trabalhos *Performance Technique,* de Amos Gunsberg, do ensinamento zen de John Daido Loori e do ensinamento vedanta não-dual de Sathya Sai Baba. O método de trabalho descrito no livro se chama Trabalho com o Eu Sutil. Meu último livro, *The Subtle Self: Personal Growth and Spiritual Practice,* descreve como desenvolvi esse método. O Trabalho com o Eu Sutil é uma série de exercícios suaves e precisos de harmonização, destinados a ajudar as pessoas a perceberem o seu eu autêntico e a sua unidade com o cosmo na dimensão da consciência fundamental.

Incluo exercícios do Trabalho com o Eu Sutil para que o leitor possa compreender melhor a experiência que estou tentando descrever. Mas este não é um livro de auto-ajuda. Para que se obtenha o maior benefício possível com os exercícios, é necessária a orientação de um instrutor qualificado no Trabalho com o Eu Sutil. Descrevo também as experiências de algumas das pessoas com quem trabalhei como professora e psicoterapeuta, fazendo uso desse trabalho. No interesse da privacidade delas, cada um dos casos aqui narrados é um composto de várias pessoas e eventos diferentes, e todos os nomes são fictícios.

Neste livro, pretendo esclarecer em parte o processo pelo qual uma pessoa se torna iluminada. Apresento a individuação do eu, a transcendência do eu, a transformação do corpo e a comunhão mais profunda com outros seres vivos como aspectos igualmente importantes e que contribuem com a percepção da consciência fundamental. Espero conseguir transmitir tanto a importância quanto a acessibilidade dessa percepção.

1

COMO DEFINIR ILUMINAÇÃO

ILUMINAÇÃO É UMA FASE ESPECÍFICA DA MATURIDADE

A vida tem significado porque ela tem uma direção, uma meta. Quase todos nós criamos significado na vida por meio de objetivos que estabelecemos para nós mesmos, como uma família, riqueza, realização artística. Mas a vida tem uma meta que não precisamos criar, que é inerente à sua natureza, à nossa natureza. Nossa vida pessoal evolui em direção a um destino específico que às vezes é chamado de auto-realização ou iluminação. Assim como as metas que criamos se baseiam no desejo que sentimos de alguma coisa, também temos um desejo fundamental de alcançar a meta inerente à vida. É esse desejo subjacente de iluminação que faz freqüentemente com que não nos sintamos realizados, mesmo depois de termos atingido as metas que criamos.

A palavra iluminação costuma ser usada de uma forma genérica para descrever várias experiências. Mas no Trabalho com o Eu Sutil, como na maioria dos ensinamentos orientais, a iluminação está relacionada com uma fase específica da maturidade humana, uma alteração específica e inconfundível na maneira pela qual vivemos a vida. Embora a iluminação seja a experiência efetiva mais concreta do estar vivo, descrevê-la sempre encerra uma conotação abstrata, enquanto não a vivenciamos pessoalmente. Por esse motivo, incluí exercícios do Trabalho com o Eu Sutil para ajudá-lo a experimentar a dimensão da consciência que estou tentando descrever.

Para compreender o relacionamento entre a iluminação e o eu, e como ambos amadurecem ao mesmo tempo, precisamos compreender claramente as experiências específicas transmitidas pelas palavras iluminação e eu. As definições de iluminação abaixo se baseiam na minha experiência pessoal, na experiência de amigos e alunos e em definições encontradas nos textos espirituais do budismo e do hinduísmo. O ponto que desejo enfatizar é que as definições aqui apresentadas não são provenientes apenas da minha experiência subjetiva (pois, nesse caso, elas poderiam ser fantasiosas) ou da paráfrase de sábios da Antigüidade extraída de antigos livros (porque os textos poderiam ser ingênuos ou metafóricos). Ao contrário, essas definições são descrições com as quais muitas pessoas concordaram, baseadas em suas experiências pessoais, que sustentam a validade dos textos da Antigüidade.

ILUMINAÇÃO É A PERCEPÇÃO DA CONSCIÊNCIA FUNDAMENTAL

A iluminação é a percepção, a experiência viva, de que somos constituídos de consciência pura, que a consciência pura é a nossa natureza fundamental e a nossa realidade última. E que tudo o mais no universo também é formado de consciência pura, de modo que nosso ser está fundamentalmente unido a toda a natureza. Nas palavras de um sábio chinês do século 4º: "Tudo no universo tem a mesma origem que o meu eu." Na iluminação, experimentamos a vida a partir do ponto de observação dessa origem.

Nós sentimos o nosso eu como uma consciência ininterrupta que permeia o nosso corpo e o nosso ambiente. Isto significa que existe uma continuidade entre a nossa percepção interior e exterior. Temos a sensação de um espaço amplo, como se todas as nossas percepções fossem uma única tapeçaria de reflexos num único espelho. Sentimos que somos feitos de um espaço vazio, mais sutil do que o ar, ilimitado e imóvel. Dentro desse vasto espaço se movimentam nossos pensamentos, sentimentos, sensações e percepções em constante transformação.

No Trabalho com o Eu Sutil, chamo essa dimensão ininterrupta e difusa de consciência fundamental. Antes de percebermos a consciência fundamental, identificamos o nosso eu como sendo as nossas sensações, sentimentos, percepções, idéias, recordações. Mas quando percebemos a consciência fundamental, reconhecemos que essas experiências descontínuas e transitórias vêm e vão dentro da base fundamental que é a nossa verdadeira identidade.

Quando as pessoas começam a perceber a consciência fundamental, elas contam que se sentem translúcidas ou permeáveis. Um homem me disse, entusiasmado, que havia descoberto que o mundo era redondo porque agora ele conseguia sentir o espaço atrás dele e ao redor dele, em vez de apenas o que estava à sua frente. Como irei descrever no decorrer deste livro, a mudança de perspectiva do nosso relacionamento frontal, eu-objeto, com o mundo para uma experiência de continuidade afeta todos os aspectos da nossa vida, inclusive a nossa capacidade de compreender e amar, e até mesmo a nossa saúde física. Certa mulher me explicou que, antes de perceber a consciência fundamental, ela tinha a impressão de que estava observando a vida; agora ela sentia que estava participando da vida. Ao sentir uma continuidade com o mundo, ela passou a sentir uma afinidade básica com tudo o que encontrava. E por experimentar suas reações interiores ao mesmo tempo que sentia o mundo exterior, ela reconhecia que estava envolvida nos encontros.

ILUMINAÇÃO SIGNIFICA TORNAR-SE REAL

A consciência é a nossa realidade última. Na metafísica hindu, a realidade última é chamada de *Brahman,* em sânscrito, sendo descrita da seguinte maneira: "Eu sou o Brahman supremo que é consciência pura, sempre claramente manifesto, não-nascido, um e único, imperecível, desapegado, que tudo permeia, e não-dual." Embora essa descrição, de autoria do filósofo indiano do século 9º, Shankara, possa parecer exótica ou abstrata, cada palavra tem sobriamente a intenção de ser uma descrição da realidade fundamental de todo ser humano. A realidade é o oposto do abstrato. Ela é real.

Na iluminação, sentimos que estamos nos tornando reais — não algo novo, mas algo que sempre fomos, porém que mal conhecíamos. É isso que Shankara quer dizer com não-nascido: a consciência pura unificada e difusa sempre esteve presente, permeando cada célula do nosso corpo. É o "Eu" verdadeiro e completo de nossa natureza inerente, fundamental, escondida atrás dos "Eus" parciais, fragmentados e abstratos com os quais convivemos antes de conhecer a nossa totalidade. Não temos de criar a realidade; ela sempre esteve presente. Contudo, a capacidade de reconhecer a realidade também nos é inerente. A vida toda fomos guiados pela nossa capacidade de distinguir a verdade da falsidade, o equilíbrio da desarmonia. Quando percebemos a consciência fundamental, reconhecemos que a nossa realidade subjacente era a meta da viagem e do desejo em nossa vida.

A iluminação é uma experiência diferente de todas as outras que tivemos porque ela não encerra nenhuma dualidade. Não temos uma experiência *da* consciência fundamental. Embora os limites da linguagem nos obriguem a usar a preposição de, a consciência fundamental está, na verdade, percebendo a si mesma. Ela reflete a si mesma. O conhecedor e o conhecido são o mesmo. A consciência fundamental é a nossa consciência ordinária pura e diretamente vivenciada, sem os "véus" costumeiros do hábito, da confusão e da defesa. A iluminação é a fase da maturidade humana na qual a mente chega a conhecer a si mesma.

O estado de continuidade dentro do nosso eu e entre o nosso eu e o ambiente que nos rodeia, é o nosso estado inerente e, na verdade, o mais normal. Várias pessoas me confessaram sentir medo a respeito de quem iriam se tornar se conseguissem alcançar a iluminação. Mas tendo percebido a consciência fundamental, elas compreendem que apenas se tornaram elas mesmas, um ser profundamente familiar e instantaneamente reconhecível.

ALGUMAS CONCEPÇÕES ERRADAS A RESPEITO DA ILUMINAÇÃO

É muito mais fácil do que pensa a maioria das pessoas vivenciar a iluminação. Já vi participantes de seminários saírem zangados por eu lhes ter pedido que sentissem o que os venerados mestres sentiram, como se essa tentativa fosse inútil ou até encerrasse um sacrilégio. Quero enfatizar, como mencionei na introdução, que iluminação é um termo relativo. Um mestre zen me disse certa vez: "É fácil atingir a iluminação. Mas para compreendê-la totalmente podem ser necessárias muitas vidas." Sob esse aspecto, é como estar grávida. Você pode estar um pouco grávida e ninguém diria que você não está "realmente" grávida, mas a gravidez ainda não chegou a termo. Existe uma enorme diferença entre a iluminação avançada dos mestres e o pouco de iluminação que somos capazes de alcançar. Quando nos tornamos iluminados pela primeira vez, começamos uma fase de maturidade que, potencialmente, se estende muito adiante de nós. Mas o início da iluminação, bem como seu aprofundamento progressivo, é acessível a qualquer pessoa interessada.

Alguns de nós também têm a tendência de impor o sentido de santidade que aprendemos com a tradição judeu-cristã a esses princípios de iluminação. Grande parte da religião ocidental ensina uma atitude de reverência e humildade com relação a um deus distante, uma imagem de autoridade patriarcal a quem podemos suplicar mas que nunca podemos realmente conhecer. Nas religiões, os discípulos são tratados como crianças que podem colocar-se na presença protetora e vigilante de Deus, mas que têm apenas a responsabilidade da obediência. As formas mais ritualísticas da religião oriental também encerram uma qualidade de silêncio e santificação quando discutem o supremo, demonstrando, sem dúvida, um grande respeito pelos mestres espirituais.

No entanto, quanto mais avançados se tornam o ensinamento e os discípulos, mais o supremo é apresentado como algo que pertence a nós, como uma parte maravilhosa porém totalmente usual da nossa natureza, que não pode nem ser retirada nem dada a nós por nenhuma presença exterior. Descobri que muitas pessoas, já preparadas para a iluminação, não a estão alcançando porque supõem que ela seja um estado longínquo, de exaltação. O trabalho que tantos de nós temos realizado para nos tornarmos mais reais, mais abertos para a vida, nos conduziu à percepção da nossa dimensão fundamental de consciência. É crucial para nosso desenvolvimento pessoal que reconheçamos a nossa realidade essencial e desmistifiquemos a maneira como vemos a iluminação.

Outra concepção errônea relacionada com a iluminação é o fato de ela ser considerada um estado "alterado" de consciência. A iluminação é freqüentemente confundida com as experiências de clímax que muitas pessoas têm, por exemplo, quando contemplam as estrelas ou presenciam o nascimento de um bebê. Mas uma experiência de clímax é, por definição, um evento momentâneo, amiúde acompanhado por fortes emoções, como o assombro ou o êxtase. A iluminação não é uma alteração momentânea de consciência para a qual vamos e depois voltamos. Por esse mesmo motivo, ela também difere do estado de hipnose e de transe. A iluminação é uma percepção clara e alerta do momento presente, que representa um aprimoramento duradouro da consciência.

Algumas pessoas sentem a primeira entrada na iluminação como uma experiência de clímax, um *satori*, no qual elas ficam ofuscadas pelo repentino deslocamento da percepção para a unidade da consciência fundamental. E algumas também têm repentinos aprofundamentos de iluminação, nos quais elas vivenciam abruptamente uma parte muito maior da consciência fundamental do que antes. Mas a iluminação propriamente dita não é um estado emocional temporário nem particularmente energizado. Ela é uma transformação duradoura do nosso ser, que envolve uma contínua relação com o nosso eu e com o ambiente que nos cerca.

Diz-se às vezes que a iluminação é instantânea porque existe uma clara diferença entre estar na dimensão da consciência fundamental e não estar nela. Algumas pessoas notam essa diferença de repente, ao passo que outras, quando a percebem, sentem que estiveram lá durante algum tempo sem registrá-la, sem identificá-la. Podemos deixar de perceber a consciência fundamental e voltar a percebê-la várias vezes antes que ela se torne estável. Mas uma vez que a nossa percepção se torna estável, continuamos a viver lá, enquanto nossa percepção se aprofunda e se expande gradualmente. Isto significa que a nossa experiência da consciência fundamental pouco a pouco passa a permear uma parcela maior do nosso corpo, aumentando nosso senso de profundidade interior e totalidade, e abrindo novas esferas de sensibilidade e percepção intuitiva. Ela aumenta ainda, gradativamente, o nosso sentido de unidade com as outras pessoas, com a natureza e o cosmo. Diz-se que os mestres espirituais mais avançados, aqueles poucos que são completamente, ou quase completamente, iluminados, são oniscientes e onipresentes. Eles perceberam toda a base da consciência fundamental que permeia todo o universo.

Um dos pontos que algumas vezes causa confusão a respeito da natureza gradual e relativa da iluminação é que os mestres budistas estabelecem uma distinção entre o que eles chamam de caminho gradual ou progressivo e o caminho direto ou repentino. Esses termos fazem referência aos métodos usados na obtenção da percepção inicial da consciência fundamental, e não ao processo subseqüente de aprofundar a percepção da pessoa. O método oferecido no Trabalho com o Eu Sutil é o do caminho direto porque ele visa evocar uma experiência imediata da consciência fundamental. Os caminhos graduais trabalham com o ritual e com técnicas de visualização, cultivando a concentração, a dedicação, a disciplina e o comportamento virtuoso como condições preliminares para a iluminação. O caminho direto visa evocar uma experiência imediata da consciência fundamental. Entretanto, seguir um caminho direto ou repentino não significa que ficamos completamente iluminados de repente.

Às vezes perguntamos por que temos de nos esforçar para alcançar a percepção de uma dimensão que faz naturalmente parte de nós mesmos. Buddha ensinava que já somos iluminados; apenas não temos consciência disso. Mas por que não? O Budismo Zen fala da nossa "ganância, raiva e ignorância desprovidas de um início" que nos separa do reconhecimento da nossa natureza. O hinduísmo aponta para o acúmulo de confusão e apegos ocorrido durante muitas vidas e que nos afasta do nosso verdadeiro eu e obscurece a pureza fundamental da nossa consciência. Essa explicação também coloca o início do nosso problema num passado insondável. E a Bíblia oferece a sua alegoria do tipo Rorschach a respeito da nossa expulsão do paraíso. Uma coisa está clara. Não nascemos iluminados. As crianças, embora não expressem uma atitude defensiva, não sentem toda a dimensão da consciência fundamental. Existe uma enorme diferença entre a abertura e o amor espontâneo de uma criança e a clareza abrangente e o amor intenso, porém desapegado, de um mestre espiritual. Como adultos, precisamos crescer em direção à iluminação, bem como liberar as defesas psicológicas que impedem esse crescimento. Embora exista uma vasta literatura a respeito daquilo que nos separa da consciência fundamental, o motivo pelo qual precisamos nos esforçar para perceber o que já está presente o tempo todo continua inexplicado.

Acredito que o equívoco potencialmente mais destrutivo e que causa maior confusão a respeito da iluminação é a noção de que a percepção da consciência fundamental implica a erradicação do sentido do eu. Mas este é o tema do próximo capítulo.

EXERCÍCIO 1 *Para Entrar em Sintonia com a Consciência Fundamental*

Este exercício visa ajudá-lo a sentir a dimensão fundamental da consciência.

Sente-se ereto numa cadeira, ou de pernas cruzadas sobre um travesseiro.

Feche os olhos e concentre-se na sua respiração.

Leve a atenção para os pés, e sinta que você está dentro deles, que você habita seus pés. Sinta o volume interno dos pés.

Faça agora o mesmo com os tornozelos — sinta que você está dentro dos tornozelos, preenchendo-os com você.

Sinta que está dentro das pernas.

Sinta que você está dentro dos joelhos. Equilibre agora a consciência que você tem do interior dos dois joelhos. Descubra essas duas áreas internas exatamente no mesmo instante.

Sinta que você está dentro das coxas.

Sinta que você está dentro das articulações dos quadris. Equilibre a consciência que você tem do interior dos quadris; percebe-os ao mesmo tempo.

Sinta que você está dentro da pélvis. Sinta a qualidade do seus órgãos sexuais dentro da pélvis. Sinta a sua respiração se deslocando através da qualidade do seu aparelho reprodutor, dentro da pélvis.

Sinta que você está dentro da cintura, entre a pélvis e as costelas. Sinta a qualidade do seu poder pessoal na sua cintura. Sinta que sua respiração se desloca através da qualidade do poder, na parte intermediária de seu corpo.

Sinta que você está dentro do peito. Sinta a qualidade do seu amor, dentro do peito. Sinta a sua respiração, deslocando-se através da qualidade do amor, dentro do seu peito.

Sinta que você está dentro das articulações dos ombros. Equilibre a consciência que você tem dentro das articulações dos ombros; perceba-as ao mesmo tempo.

Sinta que você está dentro dos braços, pulsos, mãos; dentro de cada dedo.

Sinta que você está dentro do pescoço. Sinta a qualidade da sua voz, do seu potencial para falar, dentro do pescoço. Perceba que sua respiração se desloca através da qualidade de sua voz, dentro do pescoço.

Sinta que você está dentro da cabeça — atrás da testa, dentro dos globos oculares, das maçãs do rosto e dentro dos maxilares, inclusive das articulações dos maxilares. E dentro do cérebro, dos dois hemisférios cerebrais. Sinta a qualidade do seu entendimento, dentro de todo o cérebro. Sinta a sua respiração deslocando-se através da qualidade do entendimento dentro do cérebro.

Sinta agora que você está simultaneamente dentro de todo o corpo. Se dizemos que o corpo é um templo, então você está sentado dentro desse templo.

Mantenha a respiração suave e uniforme, enquanto você habita todo o corpo.

De olhos fechados, encontre mentalmente o espaço fora do corpo, o espaço no aposento em que você está.

Perceba que o espaço dentro e fora do seu corpo é o mesmo campo contínuo de espaço. Deixe que ele o permeie. Deixe seu alento ficar tão sutil que ele se deslocará através do espaço, ao você inalar e ao exalar, sem perturbar a imobilidade do espaço. Seu corpo está imóvel, o espaço que permeia seu corpo está imóvel — somente o alento se movimenta. A respiração deve parecer uma mistura de alento e mente.

Agora abra os olhos.

De olhos abertos, sinta que você está simultaneamente dentro de todo o corpo.

Encontre mentalmente o espaço fora do seu corpo.

Sinta o espaço dentro e fora do seu corpo, que é o mesmo campo contínuo de espaço. Ele o permeia.

Sinta o espaço que permeia tanto o seu corpo quanto os objetos que o cercam, impregnando ainda as outras pessoas que estão no aposento. Tudo e todos são permeados pelo mesmo espaço, pela mesma dimensão de consciência fundamental.

Sinta que o espaço que permeia seu corpo também permeia as paredes do aposento.

Deixe que seu alento permaneça sutil e uniforme. A respiração passa através do espaço do seu corpo sem perturbá-lo.

Seja bastante paciente com este exercício. A mente de quase todas as pessoas se altera levemente a cada respiração. Não tente forçar sua mente a ficar imóvel, mas continue a relaxar na quietude até conseguir respirar sem perturbá-la.

Fique agora sentado por alguns minutos no espaço claro e difuso da consciência fundamental. Respire suave e silenciosamente. Deixe que seus pensamentos, sentimentos e sensações ocorram no campo da consciência fundamental, sem perturbá-la ou modificá-la de nenhuma maneira.

Às vezes, quando ensino este exercício, as pessoas me perguntam durante quanto tempo elas devem visualizar o espaço extrínseco a elas. Este não é um exercício de visualização. O espaço da consciência fundamental está efetivamente ali. Nós apenas o estamos percebendo. O espaço será tão grande quanto você puder percebê-lo na ocasião. Se você não experimentar sentir imediatamente o espaço dentro e fora do corpo como um espaço único e unificado, você o fará após várias tentativas. A intenção repetida de sentir a consciência fundamental irá finalmente evocar a nova "ligação" necessária para essa experiência sutil.

As pessoas também me perguntam o que fazer com relação aos pensamentos que desviam sua atenção, enquanto elas tentam se sintonizar com a consciência fundamental. Nossos pensamentos, sentimentos, sensações e percepções são o conteúdo do espaço claro da consciência fundamental. Eles não afetam a consciência fundamental. Assim sendo, você pode deixar seus pensamentos, sentimentos e sensações ocorrerem, enquanto permanece na percepção da consciência fundamental. Se notar que está se concentrando demais nos seus pensamentos, a ponto de perder a experiência da consciência fundamental, simplesmente transporte-se de volta para essa experiência. Não existe nada "errado" ou "não-espiritual" a respeito de ter pensamentos, emoções ou sensações. Os mestres espirituais adiantados deixam bem claro que ser iluminado não significa ter uma mente que não pensa, e sim uma mente "não-permanente", uma mente que não se fixa nos pensamentos ou sentimentos e que deixa que eles ocorram sem tentar impedi-los. Quando você se estabilizar na consciência fundamental, todo o conteúdo da sua consciência irá fluir livre e vividamente através de você. A profundidade e a clareza da nossa receptividade e resposta com relação à vida aumenta à medida que nos tornamos iluminados porque não mais estamos tentando controlar nossa experiência ou nos defender dela.

ILUMINAÇÃO É UNIDADE

Tornar-se iluminado é abandonar uma experiência fragmentada da vida e ir em direção a uma experiência unificada. Antes de nos tornarmos iluminados, nosso foco de atenção se desloca do eu para o objeto, ou de uma modalidade de experiência para outra. Podemos experimentar plenamente outra pessoa, mas estar pouco conscientes do nosso eu. Em outro momento, conhecemos nossos sentimentos, mas nossa percepção do mundo exterior é reduzida. Ou podemos conhecer nossos pensamentos, mas não ter consciência dos nossos sentimentos ou sensações.

Quando ficamos iluminados, percebemos a continuidade — a unidade — da consciência interior e exterior. Desse modo, sentimos a continuidade, a totalidade, da experiência interior e exterior, sem uma mudança de foco. Isso significa que não existe mais um cisma divisório entre sujeito e objeto, ou entre pensamento, sentimento e sensação. Neste momento, por exemplo, sentada diante do meu computador, estou consciente dos objetos ao meu redor (da forma e textura deles), inclusive da janela em frente à minha mesa, de um pedaço de terra e troncos de árvore que consigo ver enquanto trabalho. Essa é a minha experiência exterior. Ao mesmo tempo, tenho consciência da sensação de estar no meu corpo, do conteúdo emocional do momento (mesmo na ausência de uma carga emocional, uma qualidade emocional está sempre presente) e da intensidade da minha atividade mental — minha experiência interior. Todas essas percepções são um todo unificado; elas existem em um único espaço ilimitado, e o espaço em si possui uma qualidade luminosa e vibrante. Eu e o outro nos tornamos um todo no campo único e difuso da consciência fundamental. Como irei explicar no próximo capítulo e no Capítulo 4, essa totalidade do eu e do outro não nega a integridade da totalidade individual de cada pessoa ou objeto. Com efeito, nossos limites individuais são mais definidos na dimensão da consciência fundamental. Tão logo conseguimos vivenciar nossa vida interior ao mesmo tempo que experimentamos o mundo exterior, fica muito claro onde nós terminamos e onde o mundo começa.

ILUMINAÇÃO É UMA EXPERIÊNCIA DIRETA

Tornar-se iluminado significa experimentar diretamente a vida, sem a interferência de defesas psicológicas, projeções e idéias preconcebidas, e sem a distração do nosso costumeiro tagarelar mental. Como consciência fundamental, permeamos tanto o sujeito, quanto o objeto da experiência, aquele que percebe e aquilo que é percebido. Desse modo, não experimentamos nenhuma barreira, nenhuma lacuna, entre nosso eu e nossa experiência.

Certa mulher, por exemplo, havia trabalhado comigo durante dois anos e analisado a fundo a história da sua infância, liberando grande parte da dor de ter sido criada em uma problemática família de alcoólatras. Certo dia, Ruth chegou em prantos para a sessão, dizendo que tinha acabado de perceber que até então vira a vida "através de um filtro". Ela disse que de repente tivera um vislumbre de si mesma no espelho e percebera que não estivera se vendo como realmente era. Ou ela sobrepunha uma imagem de si mesma ao reflexo no espelho, baseada num modelo ideal de uma revista de modas, ou se via como a temida imagem negativa de si mesma, infeliz e sem atrativos. Ela tivera medo de ver-se diretamente, sem o filtro. Ela também percebeu que não estava vendo claramente o marido, nem as outras pessoas importantes da sua vida. Temia que, se os observasse diretamente, ela ou veria que eles na verdade não a amavam, ou veria algo de que não gostava, e os rejeitaria. No entanto, ela sentia que grande parte da sua inépcia social decorria do fato de ela não ver as pessoas como elas realmente eram, e sim idealizá-las ou diminuí-las.

Esse "filtro" de Ruth é na verdade típico da condição humana, mas poucas pessoas chegam um dia a notá-lo. Quando percebemos a consciência fundamental, enxergamos através dos véus das nossas projeções e defesas e vivenciamos a vida como ela realmente é. Existe uma história zen que trata do mesmo tema. Um monge e seu mestre caminham no jardim deste último. O monge pede ao mestre que explique a frase que eu citei anteriormente: "Tudo no universo tem a mesma origem que o meu eu." O mestre aponta para uma rosa e diz: "Quase todas as pessoas vêem esta flor como se estivessem em um sonho." O sonho a que o mestre se refere é a nebulosidade da nossa consciência, que nos separa da experiência direta da vida.

Quando não somos iluminados, vivemos abstratamente, na nossa idéia da vida. Em vez de ver essa flor específica, vemos uma flor genérica, como uma imagem extraída de um arquivo da nossa mente chamada "flor". E nosso "arquivo flor" pode estar cheio de lembranças e associações que fazem com que reajamos à flor com sentimentos que não estão diretamente relacionados com essa flor específica. Em outras palavras, reagimos de uma maneira distorcida ou amortecida à nossa percepção distorcida ou amortecida do mundo.

Nossa percepção abstrata do mundo é, até certo ponto, uma fantasia, e seja ela um romance ou um conto de terror, não é certamente tão satisfatória quanto a experiência direta da vida. Quando percebemos a consciência fundamental, começamos verdadeiramente a ver, a tocar, a ouvir. Abandonamos a abstração e a imaginação e avançamos em direção à substância e à realidade.

Muitas pessoas temem que o mundo real se torne feio e monótono, quando comparado à vida abstrata de sonho que elas levam. Mas nossos sentidos, quando (relativamente) livres da defesa psicológica e da fantasia, revelam um mundo mais vívido e equilibrado do que jamais chegamos a imaginar. Se estivermos vendo uma flor preconcebida, um composto de muitas flores passadas, certamente não notaremos a intensidade da cor, a delicadeza da textura, a forma exata da flor atual, e sem dúvida não veremos a radiância sutil que envolve a flor e se harmoniza com a luz do nosso entusiasmo. Não notaremos que a flor é permeada pelo mesmo vazio radiante que permeia o nosso corpo, que estamos inseparavelmente unidos à flor no vazio da consciência pura, a qual deu origem a todas as coisas no universo.

Quando ocorre a iluminação, nossos sentidos se unificam. Vivemos a vida como um campo unificado de energia que vibra num campo unificado de consciência pura e vazia. Essa vibração é registrada simultaneamente por todos os nossos sentidos. Temos uma impressão única e unificada da vida, que é vista, ouvida, tocada (sentida), cheirada e provada ao mesmo tempo. Isso acrescenta plenitude e ressonância a todas as nossas experiências. Quando percebemos, por exemplo, a vitalidade que existe no galho de uma árvore, dentro da dimensão da consciência fundamental, nossa vivência é a de estarmos "vendo-sentindo-ouvindo" o galho. O poeta Rainer Maria Rilke descreve essa percepção unificada quando agradece ao músico mítico Orfeu por "criar uma árvore no ouvido". O Orfeu de Rilke está em sintonia com a base sutil da vida na qual o mundo visível é audível e o mundo audível é visível.

EXERCÍCIO 2 *Para Ver e Ouvir com a Consciência Fundamental*

Eis duas variações de um exercício de experiência direta.

2A) Feche os olhos e sinta que você está simultaneamente dentro de todo o corpo. Encontre agora mentalmente o espaço fora do seu corpo. E sinta que o espaço fora e dentro do seu corpo é o mesmo campo contínuo de espaço que o permeia.

Ainda de olhos fechados, ouça os sons à sua volta. Não faça nenhum esforço para ouvi-los; apenas deixe que eles ocorram no campo da consciência fundamental. Perceba que os sons ocorrem no espaço sem modificar ou perturbar o espaço. Os sons são movimentos, padrões de vibração, que se manifestam no espaço imóvel da consciência fundamental.

Abra agora os olhos e perceba o espaço dentro do seu corpo, fora do corpo, e dentro e fora do corpo ao mesmo tempo. Perceba como o espaço que permeia o seu corpo também permeia os objetos e as paredes do aposento.

De olhos abertos, ouça os sons à sua volta, sem fazer nenhum esforço para ouvi-los. Veja agora o que está no seu campo de visão, sem fazer nenhum esforço nesse sentido. Deixe simplesmente que os objetos se apresentem à sua visão, como padrões de vibração no campo da consciência fundamental. Sinta que você está vendo com o campo da consciência e não com os olhos. Estes são apenas lentes; é a consciência que enxerga.

Veja e ouça ao mesmo tempo, sem nenhum esforço. O campo da consciência é ver e ouvir.

Você também pode praticar o exercício visual com um objeto em movimento, como a chama bruxuleante de uma vela, o vapor que sobe de uma panela ou pássaros que voam. Mantenha o foco relaxado para que seu campo de visão permaneça absolutamente imóvel, enquanto o estímulo visual se desloca através dele. Isso só pode ser conseguido se você relaxar o foco em vez de forçar sua visão a permanecer imóvel.

Eis outro exercício para a visão direta.

2B) Identifique mais uma vez o espaço dentro do corpo, fora do corpo e dentro e fora do corpo ao mesmo tempo, de modo que o espaço esteja permeando todo o seu ser. Escolha agora um objeto no seu campo de visão e veja-o sem fazer nenhum esforço. Perceba que o mesmo espaço que permeia o seu corpo também permeia o objeto. Não projete a visão nem a consciência através do objeto, sintonizando-se com o espaço que já está permeando o objeto. Mais uma vez, a sensação é de que é o campo de consciência que está vendo o objeto — como se você e o objeto estivessem incrustados em um único campo de percepção. O Budismo Zen descreve essa experiência como "O homem vê a montanha, a montanha vê o homem".

Recentemente eu estava ensinando este exercício a um grupo de pessoas num belo local à beira-mar, longe da cidade. Certa mulher do grupo disse que estava preocupada com a possibilidade de o mar deixar de parecer tão belo se ela fizesse o exercício, porque ela estaria olhando através dele e não para ele. Ela estava cometendo o erro comum de projetar a visão através do objeto, em vez de relaxar a visão e olhar com a consciência fundamental. No final da semana, ela ficou espantada porque o mar parecia mais lindo do que nunca. Ela o estava vivenciando diretamente, sem o filtro do hábito ou da defesa. A consciência fundamental permeia o objeto e o reflete de volta para nós sem distorção.

No caso de quase todas as pessoas, os olhos são uma das partes mais resguardadas do corpo. O Trabalho com o Eu Sutil enfatiza particularmente a necessidade de relaxar os olhos e ver com a consciência fundamental. Se não relaxarmos os olhos, nossa maneira de olhar para o mundo nos manterá na condição fragmentada do eu e do outro, em vez de na unidade, ou continuidade, do eu e do outro, experimentada na consciência fundamental. Para viver nessa dimensão unificada, precisamos deixar que as imagens visuais que nos cercam existam como realmente são, sem que nos defendamos delas. Para viver a vida diretamente, precisamos receber o mundo, exatamente como ele é, no campo vazio, desobstruído, da consciência fundamental.

ILUMINAÇÃO É A PERCEPÇÃO DO ETERNO

A dimensão da consciência fundamental nunca muda. Quando percebemos essa dimensão mais sutil do nosso eu, experimentamos uma grande e imutável imobilidade permear nosso corpo e nosso ambiente. Sentimos que somos fundamentalmente intemporais e imutáveis. O Zen-Budismo expressa esse sentimento com a seguinte frase: "Nunca me movi, desde o início."

No entanto, a vida que ocorre dentro da nossa consciência fundamental é toda movimento e mudança. Todos os "sistemas" que formam o nosso ser, como o sangue, os impulsos nervosos, o curso de nossas associações mentais, os meridianos de energia sutil, bem como o fluxo das circunstâncias na nossa vida, estão em constante movimento. Quanto mais experimentamos a imobilidade absoluta da consciência fundamental, com mais liberdade e eficiência o movimento da vida se manifesta. Passamos a ter mais saúde física, reagimos emocionalmente com mais profundidade e nosso pensamento fica mais claro e criativo.

Se você praticar o exercício de sintonizar-se com a consciência fundamental (exercício 1), talvez sinta fluxos de energia percorrendo o seu corpo. Como a consciência fundamental, a energia é um aspecto essencial de nós mesmos e do cosmo. Quanto mais abertos estamos para a vida (quanto menos resguardados estamos psicologicamente), mais energia sentimos no corpo.

Embora a energia seja um aspecto essencial da nossa natureza, no decorrer do nosso processo de crescimento em direção à totalidade ela não é nossa realidade última. A metafísica hindu afirma que a energia é uma condensação ou contração de consciência pura, e a matéria física, uma condensação de energia. É o desequilíbrio criado por essa misteriosa contração da consciência pura que produz o fluxo dinâmico, os múltiplos ciclos, o caos criativo e o atrito dos sexos, a guerra, a doença ou o vago desconforto que é a nossa vida neste planeta. A metafísica hindu também ensina que, na completa iluminação, alcançamos um equilíbrio que é novamente consciência pura, e não renascemos mais no mundo da energia e da matéria.

No nosso mundo fenomenal, a consciência pura permeia a energia e a matéria física, e a energia permeia a matéria física. Muitas pessoas que praticam disciplinas espirituais e terapêuticas atingem a dimensão da energia antes de perceberem a consciência fundamental. A transformação da experiência de si mesmo apenas como matéria física, ou somente como conceitos mentais, na experiência de si mesmo como energia é tão radical e libertadora que muitas pessoas imaginam ter alcançado a dimensão última da existência. É importante para a continuidade do nosso amadurecimento que compreendamos que a consciência fundamental é básica e permeia a energia existente no nosso corpo e no cosmo. O cultivo da energia sem a percepção da consciência fundamental pode exacerbar nosso desequilíbrio e desconforto.

Quando temos muita energia no corpo sem ter percebido a consciência fundamental, freqüentemente nos sentimos oprimidos pela nossa própria energia e pela energia do ambiente que nos cerca. A percepção da consciência fundamental nos liga ao nosso verdadeiro sentido do eu, como explicarei mais plenamente no próximo capítulo, e nos centra no núcleo vertical do nosso corpo. Se sentimos a nossa natureza como a imobilidade clara e imutável da consciência fundamental, nossa energia poderá se deslocar livremente através dessa imobilidade, sem nos oprimir. Uma aluna minha me disse que não se sentia mais como um "redemoinho ambulante", manipulado e desorientado por poderosas correntes internas e externas. Existem técnicas destinadas a nos proteger de influências indesejáveis na dimensão da energia, mas elas envolvem a sustentação da imagem de uma luz que nos cerca ou algum outro limite protetor. Essas técnicas diminuem nossa experiência direta da vida porque implicam o uso constante da imaginação, além de também fomentarem uma atitude de temor. Elas são desnecessárias quando vivemos na dimensão da consciência fundamental.

Por exemplo, fui procurada certa vez por uma mulher que tinha vivido durante muitos anos numa comunidade religiosa. Ela interrompera pouco antes a prática da meditação porque tivera uma experiência que a deixara terrivelmente assustada. Ela sentira ondas tão poderosas de amor durante a meditação que ficara com medo de enlouquecer caso continuasse a meditar. Quando aprendeu a entrar em sintonia com a consciência fundamental, foi capaz de deixar as ondas de amor passarem através do espaço imóvel da sua consciência, sem perturbá-la. Ela se sentiu firme e estável, ao mesmo tempo que experimentava as ondas de energia em seu coração aberto.

Tão logo nos sentimos seguros na percepção da consciência fundamental, podemos nos abrir sem medo tanto à nossa energia quanto à energia que nos cerca. Somos como um recipiente vazio. Qualquer coisa que esteja nele é temporária e não altera a nossa natureza fundamental. Por mais forte que se torne o movimento da vida, ele não altera a imobilidade absoluta da consciência fundamental.

Este é o paradoxo da iluminação. Recebemos o estímulo do ambiente ainda mais plenamente do que antes de sermos iluminados. Como temos mais acesso às profundezas do nosso eu, sentimos tudo — alegria e dor — mais profundamente do que antes. Ao mesmo tempo, porém, vivenciamos o nosso eu como completo e firme, como a base imutável da consciência fundamental. Um dos meus mestres comparou certa vez esse estado à sarça ardente da Bíblia. "Nós queimamos", disse ele, "mas não somos consumidos."

Nossa dor emocional é secundária para a nossa natureza fundamental. Não importa o que possamos perder ou sofrer na vida, essa essência do nosso ser, nossa verdadeira realidade, não pode ser danificada. Ela não se moveu desde o início, e nunca se moverá. Assim, quando ficamos iluminados, é mais fácil ficar em paz até mesmo na presença das piores circunstâncias. Podemos deixar que o nosso eu se lamente ou se enfureça, se aventure em novos relacionamentos e situações, porque sabemos que a nossa natureza fundamental sempre sobreviverá.

RESUMO

Em resumo, a iluminação é a percepção da nossa natureza como a realidade última. É uma mudança radical, quando passamos da fragmentação existente na dualidade sujeito-objeto para a unidade da nossa dimensão fundamental de consciência pura. Essa dimensão fundamental é experimentada como um espaço amplo, claro, inquebrantável, ilimitado, que impregna tanto o nosso corpo, quanto o nosso ambiente. Quando percebemos a consciência fundamental, nossa percepção continua a se aprofundar e a se expandir durante toda a vida. Quando nos tornamos iluminados, nossa mente se transforma num todo contínuo com a consciência, que é a base de toda a existência, e que sempre foi sua verdadeira natureza. Nossa dimensão da consciência fundamental está sempre conosco, na origem do nosso ser e do universo, e todos somos capazes de percebê-la.

2

DEFINIÇÕES DE EU E DE ABNEGAÇÃO

Ouvi recentemente um discurso proferido por um respeitado professor de religião oriental. Ele falou veementemente de como nossa verdadeira natureza é desprendida e vazia. A vibrante atmosfera da sala ficou gelada enquanto contemplávamos nossa verdadeira não-existência e a ilusão importuna e persistente do eu, na qual esse professor sabia que estávamos encurralados. Quando o discurso acabou, um homem atrás de mim levantou-se e perguntou ao professor como, sendo ele um psicoterapeuta, poderia ajudar seus clientes a superar essa ilusão. O professor provavelmente estava acostumado a ouvir essa pergunta porque respondeu imediatamente que a psicoterapia ilude as pessoas desde o início por considerá-las seres humanos. "Se você diz a uma pessoa que ela é um ser humano", disse ele, "já está reforçando a ilusão que elas têm do eu."

A iluminação freqüentemente é descrita como um estado de abnegação. Essa descrição, como veremos, não é falsa em todos os seus aspectos. Mas ela gerou confusão entre muitos buscadores espirituais que, obedientemente, decidem não dar atenção aos seus desejos, opiniões, emoções, peculiaridades, para "bloquear" qualquer sentimento do eu; ao ouvir esse ensinamento da abnegação, esses buscadores fingem não existir. Ken Wilber, famoso teórico psicoespiritualista, escreveu que não podemos nem mesmo penetrar na esfera transpessoal enquanto não "desistirmos completamente de uma vida pessoal". Embora Wilber possa compreender a natureza da maturidade espiritual, descrições desse tipo têm confundido muitas pessoas que estão no caminho espiritual. A dificuldade decorre de uma interpretação equivocada do significado do eu e da abnegação no contexto da iluminação.

O ensinamento oriental da abnegação é com freqüência erroneamente compreendido como sendo um estado de não-existência, no qual deixamos de nos sentir como indivíduos únicos, ou até deixamos de nos sentir completamente. O Dalai Lama tentou esclarecer a interpretação do eu no budismo. Numa entrevista com John F. Avedon, ele diz: "Existem dois tipos de 'Eu': um mais denso e o outro mais sutil. Existe o 'Eu' que é designado pela mente e pelo corpo densos e o que é designado pela mente e energia sutis. Quando um está ativo, o outro não está... O 'Eu' denso é designado pela dependência da mente e energia densas. Mas mesmo quando eles não estão atuando, um 'Eu' tem de ser apontado. Ele então é designado através da mente e corpo sutis que estão presentes. Para um iogue altamente desenvolvido, por exemplo, capaz de manifestar uma consciência mais sutil e ao mesmo tempo observar os fenômenos convencionais, existe um sentido inato do 'Eu' — não no sentido mais denso, e sim num sentido muito mais sutil — indicado pela mente e corpo sutis." John Avedon pergunta então ao Dalai Lama: "O que acontece à energia-mente mais sutil quando um ser se torna iluminado?" O Dalai Lama retruca: "O 'Eu' de um Buddha é esse 'Eu' sutil."

A abnegação também costuma ser malcompreendida no Ocidente, sendo interpretada como altruísmo ou ausência do ego (no sentido de uma falta de apreço ou preocupação por si mesmo). Na psique ocidental, o ensinamento da abnegação tende a evocar imagens de autonegação e de auto-sacrifício dos santos cristãos.

Quase todos nós aprendemos quando crianças a não ser egoístas. Quando ouvimos algo que se assemelha à mesma mensagem, vindo de autoridades como os mestres espirituais, isto desperta em nós recordações distantes dessas antigas advertências, e pode desencadear um medo inconsciente de um castigo da parte de nossos pais. Como irei tratar com mais abrangência no Capítulo 4, existe também uma imposição mais sutil na infância, mas tão comum quanto essa. Trata-se da proibição de sermos completamente nós mesmos — uma pessoa separada com vontades, sentimentos, desejos e percepções próprios. Embora esse ensinamento fosse quase sempre inconsciente da parte dos nossos pais, a ameaça de castigo era geralmente terrível demais para que nos arriscássemos: a perda do amor e do sentimento de pertencer à nossa família (a perda do reconhecimento).

Certa mulher, por exemplo, me contou que seria "tão poderosa" se sentisse a própria força de que era dotada que ela certamente oprimiria e alienaria todas as pessoas com quem se encontrasse. À medida que nossas conversas continuaram, ela descreveu as lutas pelo poder que tivera com o pai, e o terrível momento em que viu o medo nos olhos dele, quando compreendeu que então ele é que estava na defensiva, e não ela. Ela nunca tomou a liberdade de se sentir mais forte do que naquele momento. Lembro-me de outra mulher que chorava quando começou a sentir a própria inteligência; pranteava a perda da mãe que se retraíra e se afastara dela, magoada e desconcertada, quando ela começara a desenvolver a própria mente. E o homem de meia-idade que fora o mais novo de cinco irmãos e ainda mantinha a postura tensa e apreensiva de alguém que estava tentando "não provocar mais ondas", como ele dizia, num lar caótico.

O processo da individuação está cheio de obstáculos psicológicos. Quando crianças, o amor por nós mesmos, oriundo da alegria que extraímos dos nossos sentidos e da nossa inteligência, freqüentemente evoca dor e aborrecimento, e até mesmo raiva, nos adultos que perderam esse amor por si mesmos. A percepção de ser um indivíduo separado, a privacidade e a distância psicológica necessária ao amadurecimento, é quase sempre intolerável para os pais a quem a separação psicológica não foi permitida. Psicólogos como Alice Miller descobriram que as crianças sacrificam esses componentes básicos da individualidade para manter o calor e o carinho do amor dos pais.

O nosso crescente sentimento do eu também depara com obstáculos sociais. Você se lembra de que só um menino foi capaz de dizer que o imperador estava nu? Nosso impulso inato de pensar por nós mesmos e de expressar a nossa perspectiva única para o mundo é reprimido e esquecido, em favor do benefício da aceitação, do conforto e da segurança que advém de nos ajustarmos à nossa comunidade. Certo homem, ao começar a sentir a qualidade do seu ser, indagou: "Quem irá me conhecer se eu me tornar eu mesmo?"

Para muitas pessoas, ouvir ou ler que elas na verdade não existem, ou não devem existir para ser espirituais, faz com que elas se divorciem ainda mais da sua experiência e apreciação de si mesmas, e se esforcem para se tornar mais modestas e menosprezar suas qualidades pessoais. Elas reagem ao ensinamento da abnegação com a vergonha residual e a culpa da infância. Elas querem saber: Como posso me livrar do meu eu grande e maligno?

Todos estamos familiarizados com o estereótipo da falsa devoção nas tradições religiosas do Ocidente. Quase sempre, essa pessoa santimonial, que traz constantemente um sorriso falso nos lábios, percebe que está fingindo, mas simplesmente está convencida de que nada menos do que a perfeita bondade é aceitável ao Senhor. De um modo semelhante, quando os discípulos espirituais são persuadidos de que a iluminação é a não-existência, o resultado é freqüentemente um ser humano estranhamente apático, emocionalmente insensível e irreal. O pior dessa situação é que limitar nossa realidade humana significa limitar nossa realidade espiritual, visto que elas são uma só. A iluminação é a verdadeira natureza, a realidade, da condição humana. Só podemos progredir espiritualmente se nos tornarmos mais, e não menos, reais.

A liberação das defesas psicológicas que nos impedem de perceber a consciência fundamental envolve um certo medo, porque elas nos deram, desde a infância, uma sensação de segurança, e podemos *pensar* que deixaremos de existir sem elas. Mas isso não é verdade. Como irei explicar neste capítulo, o processo de liberação das defesas e percepção da consciência fundamental aumenta o nosso sentimento do eu, a segurança que sentimos no nosso eu, bem como a sensação de que realmente existimos.

Quando nos tornamos iluminados, sentimos profundamente, pela primeira vez, que somos reais. Temos a impressão de que a nossa existência anterior é vaga e ilusória. Na dimensão da consciência fundamental, percebemos o nosso eu como a existência essencial no âmago da vida, vivenciamos o nosso eu como a própria vida. Não existe nada de abstrato ou impessoal com relação a esse sentimento da vida, pois é a nossa pele que desperta ao toque, o nosso peito que se suaviza e se enche de amor. O que acontece literalmente é que nossas sensações, nosso coração e nossa consciência estavam entorpecidos, e agora estamos despertando desse entorpecimento.

Tenho observado, ao trabalhar com pessoas no processo do aprofundamento da iluminação, que o maior obstáculo à maturidade espiritual com que as pessoas deparam não é o medo da não-existência, e sim o medo de existirem, de estarem plenamente vivas e de serem o eu individual delas. É necessário dizer ainda que a prática espiritual também oferece o perigo de inflarmos artificialmente o nosso sentimento do eu, de imaginarmos que somos seres superiores, dotados de um conhecimento e poderes além da nossa verdadeira capacidade de realização. No fundo, contudo, essa atitude narcisista também equivale ao medo de verdadeiramente existirmos — de sermos reais. A autovalorização é parte do falso eu que irei discutir abaixo, uma compensação para um sentido do eu insignificante e reduzido. O sentimento do eu, que se desenvolve junto com nossa percepção da consciência fundamental, é uma experiência resultante de nos tornarmos um espaço claro, que impregna uniformemente nosso corpo e nosso ambiente. Ele não se parece em nada com a atitude estática da pessoa narcisista que tenta enfrentar, ou eliminar, o mundo exterior. Além disso, a experiência do narcisismo é amplamente conceitual — a pessoa narcisista se convence de que é superior. Em sua postura inflada, ela pode sentir que está de certo modo mais elevada ou tem mais valor que as outras pessoas, mas não irá experimentar a verdadeira qualidade do eu, que está presente no eu realizado.

É fundamental para a eficácia da prática espiritual que compreendamos o significado das palavras "eu" e "abnegação" na experiência espiritual. Para isso, iremos agora examinar quatro diferentes interpretações dessas palavras que são freqüentemente confundidas uma com a outra: o eu verdadeiro ou essencial, o falso eu, a abnegação ética e a suprema abnegação.

O EU ESSENCIAL

A premissa fundamental deste livro é que existe um sentimento verdadeiro ou essencial do eu, que perdura e cresce com a percepção da consciência fundamental. Em outras palavras, quando atingimos um sentimento de nós mesmos como consciência ilimitada, difusa e pura, percebemos simultânea e precisamente a nossa existência individual dentro desse vasto espaço. E à medida que nossa qualidade ilimitada aumenta com o tempo, o mesmo ocorre com nossa individualidade. Nós nos tornamos um só com o ambiente que nos cerca e com o cosmo, ao mesmo tempo que nos tornamos separados. Embora esta última afirmação possa parecer paradoxal, quando compreendemos o que realmente ocorre no corpo e na mente quando atingimos e aprofundamos nossa iluminação, fica mais fácil perceber a coexistência da consciência fundamental e da individualidade.

Como afirmei no primeiro capítulo, a consciência fundamental impregna tanto o nosso corpo quanto o ambiente à nossa volta. Quando percebemos a consciência fundamental, temos um acesso consciente, ou contato, com o espaço interno do nosso corpo. À medida que nos tornamos mais iluminados, uma quantidade maior desse espaço interno se torna disponível. Pouco a pouco, nos tornamos conscientes de todo o volume interno, de todo o conteúdo interno, do corpo. Por conseguinte, sujeito e objeto, ou a vida interior e exterior, embora unificados em um campo único e difuso da consciência fundamental, são claramente distinguíveis um do outro. Nossa consciência fundamental, que permeia e reflete a nossa experiência interior e exterior, tem uma percepção clara de onde termina a vida dentro da nossa forma individual e de onde começa a vida fora dessa forma.

Trabalhei com uma jovem artista que resistia bastante a sentir a consciência fundamental que a impregnava. "Já sou tão aberta e vulnerável", me dizia o tempo todo. Era difícil para ela acreditar que continuaria a se sentir intacta como uma pessoa separada se entrasse em sintonia com essa dimensão essencial de si mesma. Ainda assim ela continuou a fazer o exercício (o primeiro exercício descrito no capítulo 1) de encontrar o espaço dentro e fora do corpo, e sentir que eles são o mesmo espaço contínuo. Certa noite, ela teve um sonho que ilustrou sua crescente percepção. Ela sonhou que estava sentada numa bonita cadeira estofada no meio de uma sala bem comprida. Reparou que a sala não tinha paredes; era completamente aberta. Mas ela se sentia segura sentada na cadeira. Quando entramos em sintonia com a consciência fundamental no nosso corpo, alcançamos a segurança do autoconhecimento e da sensação de possuirmos a nós mesmos, a habilidade de "nos sentarmos" no nosso eu, mesmo quando nos tornamos ilimitados.

Na iluminação, unidade ou união não significa fusão. Não significa que nossos espaços internos e externos de algum modo se fundem numa gota indiferenciada de experiência. Não confundimos o nosso eu com o peitoril da janela, com as árvores ou com os vizinhos.

Como consciência fundamental, permeamos tanto a nossa forma, quanto as outras formas do nosso ambiente. Isso produz uma mudança na maneira como nos sintonizamos com a experiência interna que ocorre na vida em torno de nós. Antes de nos tornarmos iluminados, temos de recorrer a expressões faciais, gestos e palavras para saber o que as outras pessoas estão sentindo. Ou então, segundo o relato de algumas pessoas extremamente sensíveis, percebemos os sentimentos dos outros no nosso corpo, e fica difícil dizer se os sentimentos são nossos ou dos outros. Mas quando alcançamos a iluminação, nossa consciência se torna um contínuo com a consciência fundamental das outras pessoas, dos animais e das plantas. Por conseguinte, podemos estabelecer um foco dentro dessas formas para conhecer as sensações, emoções e depois até os pensamentos que ali ocorrem.

Temos um contato direto e profundo com os outros seres vivos, e sentimos uma grande comunhão com eles, porque a dimensão essencial do nosso ser é a mesma que a dos outros seres ("tudo no universo tem a mesma origem que o meu eu"). Mas o nosso contato com os outros seres vivos ocorre através do espaço, a partir do nosso corpo em direção ao corpo de outro ser. Se eu sentir a dor de outra pessoa, saberei que se trata da dor de outra pessoa porque ela está ocorrendo em outro lugar no campo da consciência fundamental que não o meu corpo. Posso reagir com uma dor no meu corpo à dor dessa pessoa, como freqüentemente acontece por sermos criaturas empáticas, mas estarei então consciente da seqüência da dor da outra pessoa e depois da minha. Isso pode parecer óbvio para alguns leitores, mas muitas pessoas interpretam erroneamente a qualidade ilimitada da iluminação como significando que não existe uma verdadeira distinção entre a nossa experiência e a experiência dos outros.

Às vezes, uma linguagem dramática é usada para descrever a iluminação, como "saltar de um penhasco," ou a "morte" do eu separado. À semelhança do comediante que riu dizendo que as notícias sobre sua morte tinham sido exageradas, acredito que as notícias desta "morte" também tenham sido enormemente exageradas, ou, pelo menos, malcompreendidas. Tornar-se unificado com toda a vida não elimina o nosso contato interior, ou a consciência da nossa subjetividade separada. Embora a vida como um todo seja, essencialmente, uma única consciência, obviamente todos não temos os mesmos pensamentos. Pelo menos enquanto estamos encarnados na Terra, enquanto a nossa sintonia com a consciência fundamental é parcial e incompleta, nossa existência está centrada, e cresce, dentro de uma forma separada e individual de auto-referência, ao mesmo tempo que ela está unificada com todos os outros seres vivos.

O eu essencial, que descobrimos gradualmente na dimensão da consciência fundamental, parece ter mais substância do que o sentimento que temos do nosso eu antes de sermos iluminados. Quanto mais nossa consciência fundamental permeia o volume interno do nosso corpo, maior o contato que temos com a nossa forma individual. Simplesmente passa a existir algo mais em nós, mais volume, mais profundidade. Estamos prontos para conhecer cada célula do nosso eu.

Mas a substancialidade do eu essencial não é apenas uma questão de volume. O eu essencial é feito de consciência pura, que é substancial em si mesma. O teórico contemporâneo A. H. Almaas descreve a substancialidade do ser essencial. Ele diz o seguinte: "Afirmamos a verdade da substancialidade para incutir no leitor a idéia de que a essência do ser não é um estado mental e sim uma presença ontológica verdadeira e palpável."

A percepção da nossa substancialidade inata produz uma maneira muito diferente e mais agradável de estar no mundo. Muitas pessoas sensíveis tendem a "abandonar" o corpo quando os estímulos externos parecem excessivamente desgastantes para elas. Trata-se de uma espécie de dispersão da consciência, uma dissociação rápida e reflexiva com relação a si mesmas. Minha aluna Anna, por exemplo, reagia intensamente aos sons altos. Eu estava trabalhando com ela num lugar calmo no campo, perturbado apenas pelo latir ocasional de alguns cães. Ela estava se exercitando em ocupar o espaço interno do seu corpo, quando dois cachorros começaram a "conversar" animadamente um com o outro, cada um em seu respectivo quintal. Cada vez que um deles latia, Anna dispersava sua consciência e se dissociava do corpo. Ela percebeu que vivia num estado de contínua dispersão, reagindo dessa forma aos carros, aos vizinhos, às sirenes e a outros ruídos. Depois de uma prática cuidadosa, Anna foi mais capaz de sentir que a qualidade de seu ser tinha mais substância do que esses sons. Ela se tornou suficientemente segura e estável para permanecer presente e sem apresentar mudanças quando os ruídos ocorriam. A consciência fundamental não pode ser danificada ou afetada de nenhuma maneira por estímulos internos ou externos. Ela é sempre inteira e imutável. Quando Anna começou a sentir a substancialidade do seu eu essencial, todas as suas interações com o mundo foram afetadas. Ela passou a se apresentar às outras pessoas como alguém de peso, com um valor palpável, porque era assim que ela se sentia. E as pessoas passaram a reagir a ela com um novo grau de atenção e consideração.

A dispersão da consciência é uma ocorrência séria na presença de traumas como o abuso sexual. A recuperação, depois do abuso sexual, é quase sempre um processo que implica uma volta a ocupar o corpo depois de uma dissociação dele. Trabalhei com uma mulher chamada Penélope cujo pai abusara sexualmente dela durante toda a sua infância. Agora, ela tinha quarenta anos e era uma mulher atraente, simpática e bem-sucedida no trabalho. Mas não suportava que a tocassem fisicamente. Se um amigo pusesse a mão no ombro dela ou lhe tocasse a mão de forma casual, ela sentia a mesma rápida dispersão da consciência que Anna sentia em relação aos sons. Penélope teve de trabalhar com intensas emoções de terror, raiva, vergonha e aversão quando recuperou o acesso consciente ao espaço interno do seu corpo. Ela passou semanas tentando manter-se dentro dos tornozelos, expressando fúria e uma necessidade urgente de chutar quando sentia que estava dentro deles. Foi preciso um ano inteiro para que ela conseguisse se sentir segura dentro dos órgãos sexuais. Penélope e eu trabalhamos diretamente com essa aversão que ela sentia ao contato físico. Ela treinou permanecer dentro do pulso e da mão, experimentando a substancialidade do seu eu essencial no pulso e na mão, enquanto eu mantinha minha mão vários centímetros acima da dela. Pouco a pouco, ela foi capaz de sustentar a percepção da consciência fundamental em todo o corpo, enquanto eu colocava minha mão sobre o seu pulso. É profundamente benéfico para as pessoas que sofreram abuso físico ou sexual perceberem que a base mais íntima do seu ser não foi de nenhum modo danificada ou alterada pelo agressor.

Eu disse que a consciência fundamental distingue facilmente nossa vida interior do resto do mundo que ela permeia, que distingue facilmente a nossa forma da forma dos outros. Mas a questão permanece. O que faz com que a consciência fundamental reconheça a nossa forma de vida em particular como sendo nossa, e as outras formas como não sendo nossas? Se a consciência fundamental *é* verdadeiramente unificada, como distinguimos o nosso eu de uma árvore, de uma cadeira ou do vizinho?

O mestre indiano contemporâneo Sathya Sai Baba afirmou que o "Eu" que cada um de nós sente é todo o mesmo "Eu" — é todo o único "Eu", que é consciência pura. A consciência fundamental tem uma qualidade inerente de um estado do "Eu", uma qualidade do tipo "Eu existo". No entanto, cada um de nós sente esse "Eu" como se emanasse da nossa forma individual, como o centro do nosso *locus* individual de ser. Como já mencionei, quanto mais amadurecemos na percepção da consciência fundamental, mais claro e substancial se torna esse sentimento do "Eu". Contudo, também fica mais claro que esse "Eu" emana do centro da nossa forma. Isso acontece porque percebemos a consciência fundamental por meio do núcleo central do nosso corpo.

Tanto o ensinamento budista quanto o hindu consideram que o canal sutil presente no núcleo central e vertical do corpo desempenha um papel importante no desenvolvimento espiritual. No budismo, ele é chamado de *canal central* e na ioga hindu de *sushumna*, o canal central do sistema nervoso central (do qual os chakras também fazem parte). Quanto mais acesso conseguimos ao núcleo vertical do corpo, mais espaço conquistamos na dimensão da consciência fundamental. Como explicarei de um modo mais completo nos dois próximos capítulos, tanto a iluminação quanto a individuação são processos de penetração rumo ao centro do nosso ser. Desse modo, a individuação e a iluminação se desenvolvem da mesma maneira e ao mesmo tempo. Elas são, na verdade, um único e idêntico processo.

Uma vez que percebemos a consciência fundamental pela essência do nosso corpo, a qualidade do "Eu" emana, como a sentimos, da essência do nosso ser individual. Cada um de nós é o centro e, num certo sentido, a origem ou manancial do "Eu" único da consciência fundamental. Embora a consciência fundamental seja realmente una, cada um de nós a percebe a partir de um ponto único na imensidão do espaço, que somos nós. Nosso ser individual, com suas memórias, talentos e defesas particulares, forma uma espiral em torno desse ponto no espaço.

A maioria das pessoas vive a vida sem nenhum contato com o núcleo vertical do corpo. Isso se deve ao fato de o acesso ao núcleo do nosso eu ser obstruído por defesas psicológicas — memórias e emoções reprimidas que ficam incrustadas nos tecidos do corpo, tornando-os por demais densos e rígidos para que possam ser facilmente penetrados pela nossa consciência. Um dos meus alunos mais brincalhões me disse, depois da sua primeira experiência de estar no núcleo vertical do seu corpo: "Já estive em quase todos os lugares do mundo, mas nunca tinha estado aqui antes." Todos nós temos acesso mais fácil a certas partes do núcleo vertical do que a outras, dependendo do nosso padrão particular de defesa psicológica. Explicarei isso com maiores detalhes no próximo capítulo.

Todos as pessoas com quem já trabalhei têm sido capazes de reconhecer quando entram no núcleo vertical do corpo, pois este tem uma qualidade muito específica. Ele apresenta uma carga elétrica aprimorada e, dentro dela, uma imobilidade e uma qualidade de verdade ou essência — qualidade essa que reconhecemos como o nosso eu verdadeiro, que sempre esteve presente, mas que foi apenas vagamente percebido dentro da totalidade da nossa experiência. Ele dá a impressão de ser o centro do ser, o centro de todo o espaço difuso da consciência fundamental.

EXERCÍCIO 3 *Para Descobrir o Núcleo Vertical do Corpo*

Apresento a seguir um exercício que irá ajudá-lo a entrar em contato com o núcleo vertical do seu corpo e a aprender a viver nele.

Entramos no núcleo vertical, para começar, no centro da cabeça.

Encontre mentalmente o centro da sua cabeça.

Essa área está situada entre os ouvidos, e entre o rosto e a parte posterior da cabeça, abaixo do topo da cabeça. Se a cabeça fosse uma esfera perfeita, ela estaria bem no centro da esfera. Quase todos nós, na cultura ocidental, vivemos um pouco acima (e na frente) do centro da cabeça. Certifique-se de que você consegue sentir a parte inferior do tronco *a partir* do centro da cabeça. Isso irá garantir que você não está acima do centro. Se se mantiver no centro da cabeça, e não acima dele, todo o núcleo vertical do seu corpo será constatado e estimulado pelo fato de você estar no centro da cabeça.

Sinta que o centro de sua cabeça é o centro do espaço difuso da consciência fundamental.

Inspire pelas narinas e leve o ar até o centro da cabeça. Depois, espire pelas narinas.

Torne a respiração suave e delicada (ela deverá dar a impressão de ser uma semi-respiração, uma semimente), e dirija-a com precisão, como um feixe de *laser*, para o centro da cabeça. Se tiver dificuldade para levar o ar para dentro da cabeça, comece imaginando o trajeto da respiração. Quando isso ficar fácil para você, integre a respiração na imagem.

Comece agora a respirar a partir do centro da cabeça. Deixe que o centro da cabeça puxe o ar, como se estivesse chupando o ar através de um canudo. O exalar é um soltar do ar a partir do interior do centro da cabeça.

Ache agora um ponto no nível do coração, mas no centro do peito, o mais internamente que conseguir focalizar. (Esse é o chakra do coração no sistema hindu da ioga.)

Sinta que o centro do coração está situado no centro do espaço difuso da consciência fundamental.

Mantenha a atenção nesse local e respire suavemente para dentro e para fora do nariz.

Sinta agora que a respiração começa no centro do coração. O centro do coração puxa o ar. Você tem a impressão de que o centro do coração está inalando tanto a mente, quanto o ar ou que a mente está respirando dentro do centro do coração. O exalar é um soltar do ar a partir do centro do coração.

A seguir, encontre o centro da pélvis, situado cerca de cinco centímetros abaixo do umbigo e o mais para dentro do corpo que você conseguir penetrar com a sua atenção.

Sinta que o centro da pélvis está situado no centro do espaço difuso da consciência fundamental.

Mantenha a sua atenção firmemente nessa área e respire suavemente pelo nariz.

Sinta agora que a respiração se inicia no centro da pélvis. Esse centro aspira o ar. Sinta que o centro pélvico inala a mente e o ar ao mesmo tempo, ou que a mente está respirando dentro do centro da pélvis. Espire soltando o ar a partir do centro da pélvis.

A seguir, localize os três centros (da cabeça, do coração e da pélvis) ao mesmo tempo. Certifique-se de que não esqueceu o centro da cabeça. Tente sentir que a respiração começa simultaneamente nos três centros. Todos eles inspiram o ar. Você tem a impressão de que o ar está misturado com a mente, ou que a mente está respirando dentro do núcleo do corpo. Espire soltando o ar a partir do interior dos três centros ao mesmo tempo.

Sinta que todo o núcleo vertical está situado no centro do espaço difuso, inspirando e espirando.

Este exercício irá ajudá-lo a firmar-se no eu essencial. A percepção do eu essencial requer que a perspectiva se desloque no espaço, da periferia do corpo para o núcleo vertical.

A consciência fundamental, base de toda a nossa experiência, contém todas as qualidades essenciais do nosso ser. O núcleo vertical do corpo, a porta de entrada para a consciência fundamental, é também a origem das nossas qualidades essenciais. A ioga hindu divide o espectro de qualidades do núcleo vertical em sete qualidades associadas aos sete chakras principais. (Os chakras são pontos sensíveis situados ao longo do núcleo vertical, onde é mais fácil ter acesso ao núcleo.) Como o núcleo vertical é um espectro ou contínuo de qualidades, ele pode ser dividido de qualquer maneira. Mas qualquer divisão é apenas esquemática, visando a compreensão e o cultivo de todo o espectro.

No Trabalho com o Eu Sutil, divido o núcleo vertical em três qualidades: percepção, emoção (ou amor) e sensação física. Entramos em sintonia com a sensação física pelo terço inferior do núcleo vertical, com a emoção pelo terço intermediário do núcleo e com a percepção pelo terço superior.

Essas três qualidades não se referem a percepções, emoções ou sensações específicas, e sim à base subjacente da consciência fundamental dentro da qual têm lugar experiências específicas. Em outras palavras, a consciência fundamental, que encerra as qualidades da percepção, emoção e sensação, permeia e reflete percepções, emoções e sensações específicas. As experiências específicas são transitórias e dependentes de causas, mas a consciência fundamental subjacente é estável e permanente.

As qualidades da percepção, emoção e sensação permeiam todo o corpo e todo o campo da consciência fundamental (o universo inteiro). É difícil visualizar ou compreender conceitualmente essa idéia, mas não é difícil experimentá-la. É possível focalizar cada uma das três qualidades em separado, como você verá no próximo exercício, mas elas são na verdade inseparáveis. Cada momento da nossa experiência encerra percepção, emoção e sensação, mesmo quando não estamos conscientes dessas qualidades. O campo da percepção, emoção e sensação fundamentais permeia todo o nosso corpo (mesmo que não nos demos conta disso), permeando também tudo na natureza. Isso significa que cada pedra, árvore, animal ou estrela é permeado pela percepção, emoção e sensação, mesmo que não tenha consciência disso.

Dependendo de nossa estrutura particular de defesa e condicionamento psicológico, somos mais abertos e estamos mais habituados a cultivar algumas dessas qualidades mais do que outras. O exercício que se segue o ajudará a compreender como você se acostumou a sentir a vida e a perceber as qualidades que têm sido menos acessíveis a você. Para que ocorra a percepção total da consciência fundamental, todas essas qualidades precisam ser percebidas. Por conseguinte, nenhuma parte do núcleo vertical é mais importante para a maturidade espiritual (ou para o processo da individuação) do que qualquer outra.

EXERCÍCIO 4 *Qualidades da Consciência Fundamental*

Comece repetindo o exercício 1 do primeiro capítulo: sinta que você está ao mesmo tempo dentro de todo o seu corpo. Ache mentalmente o espaço fora do corpo. Perceba que o espaço dentro e fora do corpo é o mesmo espaço contínuo; ele permeia você.

Agora eu vou pedir que você entre em sintonia com três diferentes qualidades da consciência fundamental: a percepção, a emoção e a sensação física. Você conseguirá melhores resultados com este exercício se não questionar intelectualmente o que eu estou querendo dizer com essas qualidades. Tenha simplesmente a *intenção* de senti-las e depois observe a si mesmo bem de perto, buscando mudanças na qualidade da sua experiência. Esse nível sutil de sintonia e auto-observação é novo para a maioria das pessoas. Pela repetição do propósito de aprimorar a nossa experiência, a nova "ligação" se torna presente.

Entre em sintonia com a qualidade da percepção. Isso significa ficar consciente de que está consciente. A percepção é a base de toda a nossa atividade mental. Outro nome para essa qualidade é clareza. Você vai descobrir que você entra em sintonia com a qualidade da percepção pelo terço superior do núcleo vertical do corpo.

Perceba que a qualidade da percepção permeia todo o seu corpo e todo o ambiente.

Essa é a base da percepção, dentro da qual ocorrem pensamentos, intuições e imagens transitórias.

Entre em sintonia com a qualidade da emoção. Esta será uma experiência diferente da vivenciada com a qualidade da percepção. Essa diferença poderia ser descrita como uma mudança de textura ou peso. A qualidade da emoção é sintonizada por meio do terço médio do núcleo vertical. Em seu estado mais aprimorado (isto é, quando estamos mais abertos a ela), a qualidade da emoção é experimentada como amor puro, ou êxtase. Entretanto, não tente sentir o êxtase; deixe que a sua qualidade de emoção se revele exatamente como é. Para a maioria de nós, a sintonia com o êxtase é reduzida, devido às emoções reprimidas pelas nossas defesas psicológicas. Você poderá sentir algumas dessas emoções reprimidas ao entrar em sintonia com a qualidade fundamental da emoção, porém a qualidade fundamental não é alterada pelas nossas emoções específicas. Com a prática, você poderá sentir suas emoções específicas como padrões secundários no âmbito abrangente da consciência fundamental.

Agora, perceba que a qualidade da emoção impregna todo o seu corpo e o ambiente que o cerca. (O amor está em toda parte, até mesmo no ar.) Este é o campo da emoção, dentro do qual ocorrem emoções específicas e transitórias.

Entre em sintonia com a qualidade da sensação física. Novamente, esta é uma experiência diferente da emoção e da percepção. Você notará que o seu foco se desloca para baixo, para o terço inferior do núcleo vertical, à medida que você entra em sintonia com a sensação física. A qualidade fundamental da sensação física é a base de todas as suas sensações físicas específicas. Se tiver dificuldade para senti-la, procure olhar para um objeto que esteja perto de você e perceba a textura dele. Viver na qualidade da sensação física confere textura à nossa vivência do mundo. A qualidade da sensação física freqüentemente não é abordada nas disciplinas espirituais, mas é um aspecto essencial do indivíduo como um todo, da nossa comunhão com as outras pessoas e da nossa união com a natureza.

Sinta agora a qualidade da sensação física permeando todo o seu corpo (inclusive a cabeça) e o seu ambiente.

Permaneça por um instante nesse rico campo de percepção, emoção e sensação fundamental, deixando a respiração deslizar através do espaço sem perturbar ou alterar sua harmonia com ele. Como consciência fundamental, você está unido fundamentalmente à percepção, ao amor e à sensação de tudo no universo.

Talvez você se lembre de que o exercício 1 pedia que você entrasse em sintonia com as qualidades do sexo, do poder, do amor, da voz e da compreensão. Quando a percepção, a emoção (ou amor) e a sensação da consciência fundamental impregnam o corpo, ela se torna mais definida em relação a essas qualidades. Por exemplo, embora não possamos dizer que a consciência fundamental encerra um elemento sexual, o nosso eu essencial encarnado tem uma qualidade masculina ou feminina particular. Os seres humanos têm a tendência de ferir, mais do que qualquer outra coisa, esse sentimento essencial da sexualidade. Entre outras razões, os exagerados estereótipos culturais tanto da masculinidade, quanto da feminilidade, fazem com que muitas pessoas se afastem dessa qualidade do seu ser. No entanto, quando nos harmonizamos com a consciência fundamental na parte inferior do tronco, podemos recuperar esse nosso aspecto essencial. Isso, em parte, é importante porque, quando inibimos nossa capacidade de apreciar o sexo, também limitamos nossa capacidade de sentir prazer sexual.

As pessoas costumam identificar-se mais com uma ou duas das

qualidades da consciência fundamental e "bloqueiam" e defendem a terceira. Trabalhei com uma jovem dançarina chamada Bella que só se sentia à vontade quando estava se movimentando. Durante nossas sessões, ela se pendurava no sofá e ficava alongando e flexionando os músculos. Ela era incapaz de se sentar e olhar para mim enquanto conversávamos. Também era incapaz de ter o amor e as amizades íntimas que tanto desejava.

Descobrimos que Bella tinha sido uma criança particularmente sensível, que tinha uma percepção aguda das emoções e necessidades das pessoas à sua volta. Bella descreveu a mãe como uma pessoa carinhosa mas excessivamente agitada, com um olhar de "alta freqüência" que perturbava Bella enormemente. A mãe também dependia de Bella como fonte primária de amor e Bella não se julgava capaz de desempenhar adequadamente esse papel.

Quando Bella entrou em sintonia com as três qualidades da consciência fundamental, ela foi capaz de ter a sensação física com muita facilidade. A emoção foi um pouco mais difícil, mas até mesmo tentar sentir a qualidade da percepção lhe pareceu ameaçador. Ela compreendeu que se mantinha praticamente em constante movimento para não ter essa percepção. Quando fui para o outro lado da sala e desviei o olhar, Bella finalmente se sentiu suficientemente segura para entrar em sintonia com a qualidade da percepção. Ela reconheceu que o medo da percepção era o medo de se tornar consciente da dor das outras pessoas e de se sentir responsável por aliviar essa dor.

Para outro cliente meu, Paul, o mais difícil era entrar em sintonia com a sensação física, ao passo que a qualidade da percepção era a mais fácil para ele. Paul era um homem grande, de ombros musculosos, mas seu comportamento era tímido e extremamente educado, como se estivesse tentando não me ofender. Paul crescera ao lado de um pai violento que maltratava a mulher, se gabava de ter casos com outras mulheres e dominava a família. Quando entrava em sintonia com a sensação física, Paul dizia que se sentia como seu pai e tinha medo de poder ser capaz de exercer o mesmo poder de destruição. Com o tempo, ele conseguiu sentir o próprio poder e sensualidade desvinculados da atitude de agressão sexual e raiva do pai.

Quando as pessoas sentem pela primeira vez suas qualidades fundamentais, elas começam a apreciar e a confiar mais em si mesmas. Esse contato profundo com nós mesmos é a base da verdadeira auto-estima e, como tal, oferece uma cura significativa para todos os males psicológicos. Quando realmente nos conhecemos, somos capazes de confiar em nós mesmos no que tange à intimidade, ao sucesso material, à expressão artística e às várias responsabilidades da vida adulta. Além disso, quando conseguimos sentir que um dos aspectos essenciais do nosso ser é o amor, nosso anseio pelo amor que deixamos de receber, na infância, de pessoas importantes para nós fica mais tolerável.

Embora muitos psicólogos tenham feito referência a um eu verdadeiro ou essencial, A. H. Almaas é um dos poucos teóricos a descrevê-lo como uma realidade conhecida. Contudo, se entendo corretamente o que ele quer dizer, ele estabelece uma distinção entre a "essência pessoal" e a consciência transcendente. Na minha opinião, essa concepção é incorreta, e representa um erro comum nessa área de estudos. Almaas refere-se à consciência transcendente como "Ser Impessoal" ou "Testemunha Impessoal", descrevendo-a da seguinte maneira: "Nós nos sentimos como um vazio desprovido de características, a não ser a de sermos uma Testemunha Impessoal totalmente silenciosa. Existe uma vastidão espantosa, um silêncio absoluto, uma completa impessoalidade e uma percepção de todas as coisas singularmente clara porém totalmente não-comprometida."

Não acredito que a consciência transcendente seja de algum modo diferente ou separada do eu essencial. A filosofia hindu usa a palavra Atman para designar o eu essencial. O erudito hindu Chandradhar Sharma escreve o seguinte: "Vimos que a mesma realidade é chamada de Atman, do lado subjetivo, e de Brahman, do lado objetivo. Os dois termos são sinônimos. O Absoluto dos Upanishades se manifesta, tanto como sujeito, quanto como objeto, e transcende a ambos."

A dificuldade encontrada por todas as pessoas que escrevem sobre esse assunto é que estamos tentando descrever algo que é essencialmente experimental. A descrição que Almaas faz da Testemunha Impessoal parece uma experiência de harmonização com a consciência fundamental que acontece apenas pela parte superior do núcleo vertical do corpo. Em outras palavras, é uma sintonização com a qualidade da percepção sem as qualidades da emoção e da sensação física.

É importante compreender que a dimensão da consciência fundamental encerra a essência da nossa condição humana — percepção, emoção e sensação física. A compreensão da consciência fundamental é uma experiência extremamente pessoal, ao mesmo tempo que une e transcende a dicotomia sujeito-objeto. Embora essa idéia possa parecer paradoxal enquanto você não a tiver compreendido, a consciência fundamental é ao mesmo tempo uma experiência de separação pessoal e de união transcendente com a base de toda a vida.

Ser um eu essencial significa que, a cada respiração, respiramos a nossa consciência, a nossa emoção e a sensação física fundamentais. Esse é o eu que está além das idéias, que não é abstrato, mas real. Em resumo, o eu essencial é uma experiência de individualidade pessoal porque:

1. É descoberto quando compreendemos o nosso núcleo individual.
2. Permeia e reflete nosso corpo individual.
3. Contém as qualidades essenciais associadas à nossa condição humana.
4. É o sentimento subjacente e difuso do "Eu" que cada um de nós reconhece como o nosso eu verdadeiro, e que se torna mais claro e substancial à medida que progredimos na compreensão de nós mesmos.

Quando começamos a ficar iluminados, percebemos a consciência fundamental com diferentes partes do nosso núcleo vertical, dependendo da nossa configuração individual de defesa e abertura. Cada um de nós percebe a dimensão unificada da consciência fundamental a partir de uma perspectiva individual e única. São essas diversas perspectivas que tornam a realidade uma realidade "relativa". A realidade em si não muda; ela é sempre a realidade básica. Com efeito, os termos básico e realidade são sinônimos. Mas a experiência da realidade é relativa e parcial. Como nosso eu essencial é a consciência fundamental, nossa experiência do eu essencial também é relativa e parcial. No entanto, à medida que progredimos na percepção de nós mesmos, tendemos não apenas a nos harmonizar com a consciência fundamental, por meio de todo o núcleo do nosso corpo, como também a conhecer completamente o nosso eu essencial. Avançamos em direção à realidade básica.

O FALSO EU

O falso eu é um amálgama de imagens, conceitos, atitudes de defesa e dor que trazemos da infância e que confundimos com a nossa identidade. Em vez de termos o sentimento da nossa existência como foi descrito na seção anterior, temos uma idéia imaginária de quem somos. Vivemos num "sonho" no qual o nosso verdadeiro centro de referência é árido e vazio.

Os múltiplos comportamentos e atitudes do falso eu foram criados para que pudéssemos enfrentar os aspectos dolorosos ou confusos do mundo exterior. Eles foram projetados para atrair o amor e evitar a dor em situações específicas e repetidas do nosso passado. Quando crianças, distorcemos nossas verdadeiras reações e necessidades para nos tornarmos a criança que nossos pais irão reconhecer e apreciar, bem como para nos protegermos da sensação de nos sentirmos abandonados, malcompreendidos, envergonhados, carentes e assim por diante. Em *The Interpersonal World of the Infant,* Daniel Stern descreve a formação do falso eu como o "centro de gravidade que se desloca de dentro para fora". No próximo capítulo, iremos examinar melhor que o falso eu não se desenvolve isolado. Ele é uma distorção do eu em interação com o ambiente — um emaranhamento do eu com o outro.

O falso eu é feito de muitos níveis de distorção. As emoções e lembranças dolorosas são mantidas afastadas da consciência por um processo de aglutinação e inibição nas dimensões mental, energética e física do nosso organismo. Essa aglutinação conserva as emoções e as lembranças no nosso corpo, onde elas continuam a afetar ou "assombrar" nossas percepções e reações subseqüentes. A aglutinação do nosso instrumento mental, energético e físico também cria lacunas na nossa habilidade de viver a vida, que são compensadas com falsas imagens do eu e do ambiente.

Essas falsas imagens geram um sistema de falsas crenças que, embora inconscientes ou escassamente conscientes, influenciam todas as nossas escolhas. Uma pessoa, por exemplo, que foi repetidamente criticada quando criança pode encerrar o tecido do seu corpo em volta de um sentimento de vergonha. A imagem que ela tem de si mesma pode ser a de uma pessoa destituída de valor, ou a imagem compensatória de uma pessoa superior. Ela pode formar a crença rígida de que, se as pessoas vierem a conhecê-la, certamente irão criticá-la, e poderá evitar manter relacionamentos íntimos com as pessoas. Ou alguém que se sentiu abandonado quando criança pode fechar o coração em torno da dor que sente e encobrir esse sentimento aparentando uma falsa apatia ou demonstrando pelos outros um amor sentimental que na verdade não sente, nem pode efetivamente sentir, no coração. Essa pessoa também pode trazer consigo a crença vagamente consciente de que a vida é inerentemente triste, e que nunca podemos realmente ser amados. A imaginação humana oferece múltiplas variações dos temas da defesa, da compensação e da crença.

Com o tempo, as distorções estáticas do falso eu se tornam padrões estáticos de tensão no corpo que literalmente nos encerram dentro de suas representações limitantes. No Trabalho com o Eu Sutil, eu chamo esses padrões estáticos de tensão de densidades porque são verdadeiras condensações na fáscia, ou tecido conjuntivo, do corpo. Essas condensações obscurecem nossa percepção da consciência fundamental. Elas bloqueiam o acesso ao núcleo vertical do corpo, e impedem que tenhamos uma experiência espontânea e direta da vida. Elas nos mantêm reagindo ao mundo como reagíamos, a partir do que, na época, na nossa família de origem, era uma necessidade.

As várias atitudes e complexos estáticos de comportamento que formam o falso eu levaram alguns teóricos a concluir que uma pessoa é formada de várias personalidades diferentes. Porém, na verdade, apenas o falso eu é formado de personalidades diferentes. O eu essencial que descobrimos na iluminação é completo e unificado.

A palavra "ego" costuma ser usada para denotar o falso eu. O ensinamento da abnegação é então considerado como uma tentativa de nos libertarmos do ego, enquanto a iluminação é vista como a morte do ego. Mas a palavra ego é usada de tantas maneiras diferentes que esse ensinamento também é uma fonte de confusão. Por exemplo, a palavra ego às vezes é usada no sentido de amor por si mesmo ou presunção. Mas o amor por si mesmo também pode ser falso e compensador (por não amarmos a nós mesmos), ou pode ser uma reação saudável e espontânea a um sentimento profundo do eu essencial.

A palavra "ego" também é vista como a capacidade de organizar o ambiente, de dirigir a própria vida e de discernir, fazer escolhas, perseverar em direção a metas específicas, e assim por diante. Os psicólogos tradicionais apontam para essa capacidade como um indício daquilo que eles chamam de "força do ego". Muitos discípulos espirituais são levados a acreditar que as habilidades associadas à força do ego atrapalham seu progresso e precisam ser eliminadas.

Essa confusão soma-se ainda ao fato de que a psicologia tradicional também encara a força do ego como a capacidade de nos defendermos psicologicamente e de criarmos "estruturas psíquicas", pela interiorização de imagens do mundo exterior. Este tópico será abordado com mais profundidade no próximo capítulo. Agora direi apenas que é preciso fazer uma clara distinção entre a atividade defensiva do falso eu/ego ferido e a autoconfiança e as capacidades volitiva e cognitiva do eu essencial, que continuam a se desenvolver com o crescimento espiritual. Existe uma grande diferença entre o hábil navegar do eu essencial e a assustada manipulação do falso eu.

É o falso eu que se dissolve gradualmente quando percebemos a consciência fundamental. À medida que as condensações do falso eu são liberadas, nosso corpo vai ficando cada vez mais permeável. O que antes parecia ser o nosso eu agora dá a impressão de estar se dissolvendo no espaço. A barreira entre a parte de dentro do nosso corpo e o mundo exterior é substituída por uma percepção de unidade, uma percepção simultânea da experiência interior e exterior.

Quando ocorre uma mudança rápida de uma postura de defesa para a permeabilidade do eu essencial, pode parecer que houve uma perda do eu, o que pode ser assustador. No entanto, essa mudança quase sempre é gradual. A pessoa que amadurece tem a oportunidade de chorar a perda dos antigos apegos e projeções, bem como de apreciar a nova qualidade direta da experiência e o novo tipo de substancialidade que acompanha o eu essencial.

Como eu disse, a percepção da consciência fundamental e do eu essencial é gradual e relativa. Isto significa que praticamente todas as pessoas têm algum obstáculo psicológico e uma atitude de defesa em relação à vida. Nas palavras de A. H. Almaas: "A antiga idéia é que a personalidade é a barreira e precisa ser removida antes que possa haver o reconhecimento da existência essencial.

Nossas descobertas indicam que a essência pode ser percebida em etapas, ou graus, paralelamente ao trabalho realizado na personalidade."

É muito importante para o nosso progresso espiritual que tomemos consciência do remanescente da mentalidade infantil no nosso comportamento. Se conhecermos a história da nossa dor da infância, e a maneira como tendemos a projetá-la sobre as situações atuais, podemos tornar nosso comportamento mais flexível. Pouco a pouco, podemos libertar nosso corpo da dor proveniente da infância e enxergar através das imagens e crenças criadas por essa dor. Mas o primeiro passo é nos tornarmos conscientes de que ela está presente, para não sermos enganados pelas nossas projeções. Podemos, por exemplo, esperar que todas as pessoas numa posição de autoridade sejam dominadoras e potencialmente capazes de nos humilhar. Se não nos conscientizarmos da base dessa expectativa como sendo nossa antiga experiência com um pai, mãe ou professor dominador e capaz de nos humilhar, iremos nos aproximar de todas as pessoas revestidas de autoridade com uma atitude de medo ou raiva. Essa atitude obscurece a experiência direta que temos da situação atual. Mesmo conhecendo o relacionamento do nosso falso eu com a autoridade, ainda assim podemos sentir medo ou raiva, mas saberemos que essa não é necessariamente a reação apropriada, e podemos optar por não adotá-la.

O falso eu baseia-se fundamentalmente nas necessidades e emoções reprimidas ou rejeitadas na infância. Por conseguinte, não é útil para o nosso desenvolvimento negar ainda mais essas necessidades e emoções, num esforço de sermos "desapegados". O falso eu está encerrado na nossa mente, na nossa energia e no nosso corpo. Ele não vai embora quando é negado. Nosso impulso inato em direção à totalidade faz com que essa parte encarcerada do nosso eu procure constantemente se expressar nos nossos comportamentos, sonhos, doenças e, como irei explicar no último capítulo do livro, até mesmo nas nossas circunstâncias. Somente a nossa consciência, o reconhecimento que temos dessas partes encarceradas do nosso eu podem nos libertar do feitiço delas.

Uma psicoterapia eficaz nos leva a expressar as emoções e necessidades do falso eu, bem como cortar as amarras defensivas da nossa mente, energia e corpo. À medida que nos tornamos capazes de testemunhar essas partes fragmentadas e infantis do nosso eu, nossa perspectiva se aprofunda e faz com que, finalmente, tenhamos acesso ao núcleo vertical do nosso corpo e à dimensão da consciência fundamental.

O fato de os psicólogos estarem se referindo, cada vez mais, aos problemas psicológicos em termos de eu verdadeiro e eu falso, abriu caminho para o reconhecimento e o uso das disciplinas psicológicas e espirituais de forma integrada. No entanto, a maioria dos psicólogos, como Alice Miller, Heinz Kohut e D. W. Winnicott, parecem muito mais articulados com relação à natureza do falso eu do que à do verdadeiro eu. O entendimento e a experiência do eu essencial requerem o conhecimento da dimensão fundamental da consciência, pois o eu essencial não é apenas um tipo de funcionamento. Ele é uma presença ontológica capaz de experimentar a si mesmo.

A ABNEGAÇÃO ÉTICA

O ensinamento espiritual do Oriente a respeito da abnegação costuma ser malcompreendido e interpretado como altruísmo. De um modo geral, os ensinamentos religiosos ocidentais têm enfatizado o comportamento ético em vez da auto-realização (iluminação). A pessoa espiritualmente amadurecida é retratada como alguém que sempre coloca as necessidades dos outros na frente das suas, que não pensa nem se preocupa com a própria felicidade ou bem-estar. Nossas mais respeitadas figuras espirituais foram pessoas que ilustravam ideais éticos, como Madre Teresa, em vez de pessoas que se apresentaram como seres realizados.

A prática de servir desinteressadamente aos outros também é um importante componente da religião oriental. No Budismo Mahayana, por exemplo, o praticante faz a promessa solene de não atingir a total iluminação enquanto todos os seres sencientes não a tiverem alcançado. Esse é o supremo sacrifício, que se estende ao longo de muitas vidas, mas que se manifesta no presente como o compromisso de viver de maneira a sempre acelerar (e nunca atrapalhar) a iluminação dos outros.

A abnegação ética é um caminho em direção à iluminação, mas não é a iluminação propriamente dita. A própria Madre Teresa declarou que estava envolvida no serviço em benefício da própria alma. O serviço desinteressado refere-se a um tipo de comportamento. Até mesmo o estado da bondade, ou a atitude genérica de benevolência, descreve a intenção da pessoa de fazer o bem e praticar atos de benevolência. Ele não descreve a experiência de ser da pessoa. Mas a iluminação (a individualidade essencial) é uma experiência de ser.

O ponto que eu quero enfatizar aqui é que a experiência do eu essencial não diminui a nossa capacidade de servir desinteressadamente. Ela não nos torna egoístas, impossibilitando que vivamos nossa verdadeira vida e nos desenvolvamos na direção de verdadeiramente existirmos. Com efeito, a experiência do eu essencial conduz, e talvez seja necessária, ao comportamento altruísta. Isso se deve ao fato de o eu essencial ser relativamente livre (psicologicamente) com relação ao ambiente. A pessoa que se identifica com a consciência fundamental faz menos projeções da dor da infância sobre as circunstâncias do momento. É menos provável que ela seja motivada por necessidades de amor e aprovação não-satisfeitos na infância, o que faz com que ela seja, portanto, mais livre para ser verdadeiramente generosa. Além disso, quando sentimos nossa unidade com outras vidas, na dimensão da consciência fundamental, sentimos também uma afinidade inerente com tudo o que existe na natureza. É mais provável, por isto, que tenhamos uma preocupação genuína com as pessoas, os animais e a vegetação próximos a nós. À medida que nossa perspectiva se aprofunda, nos tornamos mais capazes de perceber a dor na vida à nossa volta, e conseguimos também, às vezes, perceber as razões dessa dor. Então, nós ficamos mais bem equipados para resolver os problemas da sociedade. Existe também um nível mais sutil e espontâneo de comportamento ético próprio da dimensão da consciência fundamental, mas iremos tratar desse assunto no Capítulo 6.

A SUPREMA ABNEGAÇÃO

O último tipo de abnegação que iremos analisar é a suprema. Na minha opinião, quando um ensinamento oriental tradicional faz referência ao conceito metafísico da abnegação, ele está se referindo a uma ausência do falso eu ou a esse estado supremo. Quanto à natureza da suprema abnegação, só podemos especular com base na direção observável do desenvolvimento espiritual. Os ensinamentos orientais afirmam que, a partir da perspectiva da realidade última, não existe um eu individual. Ou seja, quando atingimos a total iluminação, e todos os ensinamentos concordam em que ela é extremamente rara, nossa subjetividade separada, individual, deixa completamente de existir. Baseada nas minhas observações do processo da iluminação, acredito que a total iluminação depende da total liberação das defesas psicológicas e da completa personificação da nossa forma individual.

O ensinamento oriental da reencarnação diz que a nossa personalidade individual persiste de vida para vida como um corpo sutil, marcado com nossas principais memórias, tendências pessoais, desejos e apegos. Essas marcas produzem as circunstâncias da vida para que estas sejam satisfeitas ou resolvidas. Elas são condensações na nossa consciência, que obscurecem a nossa percepção da consciência fundamental. Em outras palavras, nossa forma individual existe porque ainda não está plenamente realizada, ainda não está totalmente impregnada pela consciência fundamental. De acordo com a metafísica oriental, tão logo resolvemos os nossos conflitos, desejos e apegos, atingimos a completa iluminação e não renascemos mais.

Por exemplo, o clássico texto hindu vedanta, *Ashtavakra Samhita*, diz o seguinte: "Saiba que o que tem forma é irreal e que o informe é permanente. Com este ensinamento espiritual você escapará da possibilidade do renascimento."

Esta citação, à semelhança de outros ensinamentos hindus tradicionais, iguala a permanência à realidade e a impermanência à irrealidade. Na natureza, todas as formas são construídas a partir de causas, como as sementes, o sol, a água e assim por diante, estando portanto sujeitas à destruição. Na natureza, todas as formas são constituídas de componentes, como células, átomos e partículas, estando assim sujeitas à dissolução e deterioração. Por conseguinte, quando os ensinamentos orientais dizem que o eu individual é irreal, eles estão querendo dizer que ele é impermanente e terá um fim.

Mas só depois de entrar totalmente em contato com o núcleo vertical do nosso corpo e permearmos completamente nossa forma individual com o nosso eu essencial é que dissolvemos o contorno da nossa individualidade — perdemos nossa localização, nosso ponto de perspectiva no campo unificado da consciência fundamental. Até então, existe sempre um centro de referência interno, um sentimento profundo do eu; nas palavras de Daniel Stern, existe uma "perspectiva subjetiva unificadora", que responde ao pronome "Eu". Esse eu é translúcido, permeável e formado pelo espaço claro e rico da consciência fundamental. Ele reflete as profundezas e os limites da nossa forma individual e, ao mesmo tempo, permeia e reflete a totalidade do nosso ambiente.

É importante que não tentemos fingir que alcançamos a realização suprema da abnegação, pois isso é impossível sem a plena realização da nossa forma individual. O início da iluminação está disponível a qualquer pessoa que a deseje. Mas a iluminação total é uma meta que está tão longe que, na verdade, é somente uma direção, um estado de onisciência, de onipotência e de onipresença do qual nos aproximamos muito gradualmente.

CONCLUSÃO

A consciência fundamental é a base da existência, com as qualidades essenciais da percepção, emoção e sensação. Ela é a base do nosso sentimento essencial do eu, a qualidade do eu no núcleo do nosso ser. Ela é o Eu com E maiúsculo, mas é percebida em cada um de nós como o eu, o nosso eu particular. Todos temos o desejo inato de expressar o eu, de entrar em contato com o eu, de que o eu se realize.

Quando percebemos a consciência fundamental, alcançamos um sentimento maior de que verdadeiramente existimos, embora as indicações superficiais da nossa personalidade deixem de ter credibilidade para nós. Podemos ter medo de perder o nosso eu se abandonarmos nossa identidade superficial, defensiva, mas este não é o caso. Na verdade, nos sentimos mais substanciais e mais presentes do que no nosso estado defensivo. Antes de percebermos o nosso eu essencial, freqüentemente temos dificuldade em conhecer nossos sentimentos e desejos, e podemos facilmente ser manipulados e confundidos pelo mundo à nossa volta. Mas quando percebemos o nosso eu essencial, temos um acesso direto até mesmo às nossas reações e necessidades mais sutis, que conseguimos facilmente distinguir das exigências do ambiente.

A consciência fundamental impregna o nosso ser como um espelho ou testemunha de tudo o que acontece em nós, fazendo com que conheçamos íntima e especificamente o nosso eu. Por conseguinte, alcançar a iluminação não significa, de modo nenhum, perder as qualidades específicas do nosso eu individual.

Às vezes a iluminação é chamada de abnegação, porque não encerra nenhuma imagem ou conceito do eu; somente o eu propriamente dito. O eu essencial, como descrevi neste capítulo, não é vazio, mas ativamente vivo e pessoal.

Estar unido com o ambiente não significa fundir a nossa identidade com o ambiente que nos cerca. Enquanto estamos encarnados na Terra, todos temos algum desequilíbrio, algo incompleto que ainda não se expandiu transformando-se na consciência fundamental. É como se formássemos uma espiral em torno do nosso ponto particular na consciência fundamental. Somos como as urdiduras no tecido do espaço que Einstein mencionou. Nosso ponto no espaço, nosso projeto individual de defesa e abertura, confere a cada um de nós uma perspectiva única da vida, uma maneira única de viver a vida, bem como o nosso caminho pessoal em direção à completa iluminação.

EXERCÍCIO 5 *Para Sentir a Qualidade do Eu*

Eis um exercício que irá ajudá-lo a sentir a qualidade do eu. Se você não pensar a respeito do que isso significa e tentar entrar em sintonia com essa qualidade, você provavelmente irá descobrir que é efetivamente capaz de sentir uma qualidade particular que parece ser o seu eu. Essa qualidade sempre esteve conosco, nas profundezas das atividades e percepções da nossa vida. Ela é a qualidade da consciência fundamental que permeia toda a nossa experiência.

Este exercício tem quase a mesma seqüência do exercício 1 do capítulo anterior. Sente-se ereto numa cadeira ou almofada.

Comece respirando suave e uniformemente pelas narinas.

Leve sua atenção para os pés e sinta que você está dentro deles, que você habita seus pés. Sintonize-se agora com a qualidade do seu eu dentro dos pés.

Sinta que você está dentro dos tornozelos. Sintonize-se com a qualidade do seu eu dentro deles.

Sinta que você está dentro dos joelhos. Sintonize-se com a qualidade do seu eu dentro dos joelhos.

Sinta que você está dentro das coxas. Sintonize-se com a qualidade do seu eu dentro das coxas.

Sinta que você está dentro da pélvis. Sintonize-se com a qualidade do seu eu dentro da pélvis.

Sinta que você está dentro da cintura, entre as costelas e a pélvis. Sintonize-se com a qualidade do seu eu dentro da cintura.

Sinta que você está dentro do peito. Sintonize-se com a qualidade do seu eu dentro do peito.

Sinta que você está dentro dos ombros, braços e mãos. Sintonize-se com a qualidade do seu eu dentro dos ombros, braços e mãos.

Sinta que você está dentro do pescoço. Sintonize-se com a qualidade do seu eu dentro do pescoço.

Sinta que você está dentro da cabeça — dentro do rosto e do cérebro. Sintonize-se com a qualidade do seu eu dentro da cabeça.

Sinta que você está dentro de todo o corpo ao mesmo tempo.

Sintonize-se com a qualidade do pronome "Eu" no seu corpo o mais profundamente que puder.

Na qualidade desse "Eu", abandone todo o resto. Esse "Eu" nas profundezas do seu corpo está consciente da sua experiência interior e do mundo exterior, mas ele não está preso a essa experiência interior ou exterior.

Ache mentalmente o espaço fora do seu corpo.

Perceba que o espaço fora e dentro do seu corpo é o mesmo espaço contínuo.

Muitas pessoas me perguntam por que eu uso a palavra "eu" neste exercício, em vez de palavras como "essência" ou "natureza do Buda". Essência, natureza do Buda, consciência cósmica, vazio e inúmeros outros termos têm sido usados na literatura espiritualista para descrever a experiência da consciência fundamental. Uso a palavra eu porque as outras palavras são conceitos; elas não evocam uma experiência, a não ser, talvez, de inexpressividade. Mas a consciência fundamental não é uma experiência de inexpressividade. Ela parece ser o nosso eu.

3

O PROCESSO DA CURA: A LIBERTAÇÃO DO CORPO CAUSAL

Com cuidado e paciência, livre-se da sua sobreposição.

– Shankara

Nos dois capítulos anteriores, afirmei que existe uma consciência fundamental unificada que permeia o universo e todas as suas formas, e que no nosso corpo, essa consciência fundamental é a base do eu essencial. Neste capítulo, vamos examinar a relação da cura psicológica com a percepção da consciência fundamental.

O crescimento pessoal encerra dois componentes interdependentes que podem ser chamados de processo de cura e processo de percepção. O componente da cura no crescimento pessoal envolve a resolução e a liberação de memórias e emoções dolorosas contidas no corpo, junto com as crenças, projeções e defesas que resultam dessas memórias. O componente da percepção no crescimento pessoal é a progressão natural do sentimento florescente que a criança tem do eu essencial e dos outros para a maturidade espiritual do eu essencial plenamente realizado e da união transcendente com o universo.

Embora só possamos ter um palpite a respeito da natureza dessa experiência na criança, parece óbvio que, em comparação com os adultos, ela não está na defensiva, é aberta para a vida e deve ter algum sentimento direto de si mesma e do seu ambiente. E é igualmente óbvio que essa experiência é apenas uma mera sombra da percepção de um adulto espiritualmente amadurecido. A. H. Almaas escreve o seguinte: "O bebê sente a essência mas, no caso do adulto ela será mais desenvolvida, mais nítida, mais forte e funcionará de maneiras que no bebê são apenas potenciais."

A expansão gradual da percepção do eu essencial e da unidade transcendente com o ambiente é um processo tão natural e espontâneo quanto o da semente de uma flor se desenvolvendo e atingindo sua forma completa. Tanto o Budismo Zen quanto a escola Dzog-chen do Budismo Tibetano tornam claro que basta sentar-se imóvel e respirar para ficarmos iluminados. No último capítulo, vou falar mais a respeito de como as forças do universo puxam o nosso organismo na direção do perfeito equilíbrio, que é a conclusão da nossa forma individual.

Os inevitáveis acontecimentos dolorosos da infância que ficam presos aos tecidos do nosso corpo impedem o desenvolvimento natural da nossa respiração e da nossa consciência em direção ao núcleo vertical do corpo e à percepção da consciência fundamental. Como praticamente nenhum ser humano passa pela infância sem que alguma dor se prenda ao seu corpo, os dois processos, o da cura e o da percepção, ocorrem simultaneamente. Quando liberamos nossa dor psicológica, então o movimento natural em direção à iluminação pode ocorrer.

COMO A DOR EMOCIONAL FICA PRESA AO CORPO

As pessoas costumam perguntar por que é preciso pôr a nu a dor da infância, por que não basta mudar suas crenças e comportamentos atuais para serem felizes. O confinamento das memórias e emoções dolorosas no corpo é um confinamento do nosso instrumento de experiência, uma redução do nosso potencial de percepção, emoção e sensação física. Enquanto nosso corpo, energia e consciência estão presos ao passado, eles não estão disponíveis para a experiência atual. Somos incapazes de ocupar o nosso corpo, de conhecer totalmente o nosso eu, de impregnar completamente o nosso corpo com o eu essencial, enquanto essas reduções ou condensações de memória, emoção e corpo físico existirem no nosso ser. Em geral, é preciso conhecer a história da nossa infância para entrar precisamente em contato com a nossa dor e, conseqüentemente, para liberá-la.

Por exemplo, certa mulher me contou que quando estava tentando aprender novas técnicas ou se expressar em público, freqüentemente sentia como se um demônio a estivesse atacando. Ela tinha uma vaga sensação no corpo de se encolher de medo dessa figura espectral. Mas foi somente quando viu de forma clara esse demônio que ela reconheceu a raiva ciumenta nos olhos da mãe e se lembrou do terrível cheiro de álcool no seu hálito. Então ela foi capaz de deixar o corpo se movimentar mais plenamente ao se encolher, e sentir a mentalidade infantil que mantinha seu corpo nessa extrema postura de defesa. Em outras palavras, teve a consciência, a emoção e o movimento físico dessa lembrança aterradora, ao mesmo tempo que testemunhava essa parte mais jovem de si mesma com a consciência do momento presente. Ao fazer isso, ela foi capaz, a partir da mentalidade da sua infância, de libertar o corpo dessa timidez, de sentir, e de finalmente expelir o terror que estava preso no seu corpo.

Geralmente, o processo de liberar uma memória da infância ocorre com o tempo e envolve repetidas experiências de redução do corpo, bem como de resolução do material da infância. A mulher que acabo de descrever teve de chegar a um acordo com a fúria alcoólica da mãe, com o carinho que havia perdido e com as decisões que tomara com relação à própria incompetência, baseada nos ataques da mãe. O simples fato de ela conhecer a verdadeira identidade do seu demônio e reconhecer que este pertencia ao passado, fez com que ela se tornasse menos suscetível de sofrer sua influência. Ela foi capaz de começar a se expressar e a se desenvolver, mesmo antes que sua atitude de se encolher e a lembrança dos ataques que sofrera fossem totalmente liberadas.

No entanto, é importante compreender que a percepção intuitiva e que a mudança de comportamento não são suficientes para o efetivo crescimento pessoal. Não obtemos acesso ao núcleo vertical do corpo; só avançamos e aprofundamos nossa percepção da consciência fundamental se a nossa consciência, a nossa emoção e o nosso corpo forem liberados. Quando entramos em contato com um fragmento retido do nosso eu, a mentalidade infantil no fragmento é reunida e expande nossa consciência do momento presente. A emoção liberada liberta e aumenta o nosso sistema de energia e a tensão física liberada aumenta nosso conforto e saúde físicos. Obtemos mais do nosso ser não-condicionado, essencial: mais disponibilidade para a percepção, para a profundidade emocional e para a sensação. Parecemos até mesmo diferentes. Como irei descrever no Capítulo 5, nosso corpo parece mais natural e mais unificado quando liberamos nossa dor psicológica.

Para um olho sensível, todos nos parecemos, até certo ponto, com os quadros cubistas de Picasso. O campo permeável que é a nossa consciência, energia e corpo contém padrões enrijecidos e estáticos (o falso eu), num composto complexo de posturas, expressões e idades. Um dos padrões, por exemplo, pode ser uma criança pequena atingida pela dor; outro, um bebê desorientado e excessivamente estimulado; um terceiro, uma criança irada em idade escolar, e assim por diante. Numa conversa normal com um adulto, esses fragmentos podem transmitir simultaneamente mensagens separadas no rápido tremor da expressão facial, no tom da voz, na vibração emocional e na atitude física. O bebê pode estar dizendo "por favor não me forneçam mais informações, não consigo mais agüentar isso", enquanto a criança em idade escolar me evita com um olhar desafiador e a criança pequena sofredora suplica por amor.

Alguns dos padrões do nosso campo de existência são simplesmente linhas de movimento, caminhos bastante percorridos de reação a circunstâncias dolorosas que aconteceram repetidamente na infância e que são "desencadeados" por situações semelhantes no presente. Se esses padrões são repetidos com uma freqüência suficiente, eles começam a se enrijecer no corpo físico. A fáscia (tecido conjuntivo) que permeia o corpo, sendo o elo de ligação entre a energia e o corpo, se enrijece ao longo das linhas do padrão repetitivo. Esses padrões, como eu já disse, preservam a memória, a mentalidade da nossa idade e a emoção da nossa reação às circunstâncias dolorosas retidas no corpo. Nossos padrões de reação também se enrijecem no corpo quando somos muito pequenos (quanto mais novos, mais impressionáveis somos) ou quando nossa reação emocional a uma situação é extremamente dolorosa (se o trauma for grave).

Os padrões retidos no nosso corpo não apenas contêm os momentos dolorosos da infância, como também atitudes de defesa ou de compensação que se formaram para impedir que fôssemos ainda mais magoados, como a atitude excessivamente cautelosa de alguém que era freqüentemente maltratado, ou a atitude superior da pessoa narcisista que está compensando os sentimentos de mágoa e vergonha que ela também guarda no corpo. Trabalhei recentemente com uma mulher que sempre exibia no rosto uma expressão luminosa e positiva, independentemente do que estivesse dizendo. Quando eu a observei mais de perto, notei um vestígio de bravura e desafio em sua expressão, como a que se vê nos jovens adolescentes. Ao mesmo tempo, seu peito e seus olhos revelavam uma dolorosa tristeza e transmitiam a sensação de uma criança solitária e desesperada. Embora fosse capaz de sentir facilmente que mantinha essas posturas quando elas lhe foram apontadas, ela havia olhado para o mundo, durante anos, com essas duas expressões estáticas, inconsciente de ambas. Ao começar a senti-las mais plenamente, ela se lembrou de que na adolescência se sentira "mais melancólica e complexa" do que seus companheiros, tendo feito um esforço para parecer mais otimista a fim de se harmonizar com eles.

Nem sempre é necessário pôr a nu as circunstâncias exatas que produziram uma atitude estática, desde que possamos entrar precisamente em contato com a atitude e experimentá-la. Um exemplo interessante disso foi o do rapaz que me procurou porque parecia incapaz de ganhar dinheiro. Ele me disse que sua meta mais importante era alcançar a segurança financeira, mas ele sempre sabotava o progresso da sua carreira. Trabalhamos durante vários meses para descobrir suas associações negativas com a riqueza material, mas nosso progresso foi pequeno. Embora ele quisesse muito resolver esse problema, freqüentemente ele parecia determinado a não mudar. Um dia, porém, na nossa sessão, eu vi sentada diante de mim uma pessoa serena e simples, com o olhar voltado para baixo e o peito encolhido, como o mais devoto monge cristão. Ali estava um fragmento desse homem que cuidadosamente evitava a tentação do sucesso material. Nunca descobrimos como ele formou essa atitude. Nem ele nem os pais tinham sido cristãos praticantes. É possível que espelhasse a atitude da avó, uma católica devota, que ele conheceu quando bem pequeno. Ele está convencido de que formou essa postura de monge em vidas passadas. Seja qual for a sua verdadeira origem, quando ele foi capaz de experimentar conscientemente essa postura, ele conseguiu liberá-la. Durante o processo, ele se interessou durante algum tempo pelo cristianismo, mas finalmente rejeitou o piedoso ideal da pobreza, considerando-o inadequado diante das circunstâncias da sua vida atual. Ao mesmo tempo, uma sutil transformação ocorreu no seu corpo. Seu peito se expandiu e se encheu de energia, dissolvendo a leve qualidade "para baixo" que fizera com que ele parecesse um tanto passivo e recolhido.

Nossos fragmentos mentais, emocionais e físicos reprimidos continuam a existir porque estão separados da nossa consciência.

Eles vivem no passado, até que a consciência do momento presente literalmente seja reunida a eles. Não basta ter conhecimento desses fragmentos. *Eles precisam ser sentidos para serem liberados*. Quando a nossa consciência se liga à mentalidade do fragmento, ela deixa de ser fragmentada. Quando conseguimos sentir a antiga emoção no fragmento, podemos finalmente descartá-la. Quando o nosso corpo volta à postura contraída, podemos ter acesso ao antigo comando para contrair esses músculos, conseguindo relaxá-los.

A METAFÍSICA DA PRISÃO EMOCIONAL

O entendimento de que a dor emocional está presa ao corpo existe no campo da psicoterapia desde seus primórdios. Sigmund Freud descreveu vários casos de trauma psicológico que resultaram em sintomas físicos. Seu aluno, Wilhelm Reich, fez do fenômeno da conexão corpo-mente o ponto focal do trabalho de sua vida. Ele se tornou o primeiro psicoterapeuta a escrever a respeito de um relacionamento entre lembranças traumáticas da infância (e a energia do seu conteúdo emocional) e enrijecimentos no corpo físico. Ele chamou esses enrijecimentos de "couraça do caráter", dizendo que "a couraça do caráter e a couraça muscular são funcionalmente idênticas". Ele afirmou que a couraça do caráter era organizada em segmentos, em anéis horizontais ao redor do corpo.

Reich descobriu uma sensação de correnteza no corpo, que chamou de *orgone* ou energia vegetativa. Ele percebeu que essa energia era o estrato fundamental da vida. (A física da época também estava descobrindo o estrato energético do universo.) Ele descreveu a couraça do caráter como "o resultado de uma retenção da energia vegetativa". "Nos organismos humanos encouraçados", ele escreveu, "a energia orgone fica presa na contração crônica dos músculos."

Reich declarou que a cura psicológica não poderia ter lugar, a não ser que a carga emocional das lembranças fosse libertada da couraça muscular. Ele escreveu o seguinte: "Também expliquei por que recordar as experiências traumáticas não é essencial para a terapia orgone. Isso de pouco serve, a não ser que se faça acompanhar pela emoção correspondente. A emoção expressa no movimento [de libertação] é mais do que suficiente para tornar compreensíveis as desventuras do paciente, à parte o fato de que as lembranças emergem por si mesmas quando o terapeuta trabalha corretamente." Reich então prossegue e levanta uma fascinante questão. Ele escreve o seguinte: "O que permanece enigmático é o modo como as funções da memória inconsciente podem depender das condições da excitação plasmática [celular], como as memórias podem ser preservadas, por assim dizer, na consciência plasmática."

Atualmente, quase cinqüenta anos depois, muitas escolas de trabalho com o corpo e de psicoterapia incorporaram a idéia de Reich de que as lembranças dolorosas são preservadas no corpo. A Bioenergética, a energética do Núcleo, a Integração Estrutural de Ida Rolf, a teoria dos "buracos" no corpo, de A. H. Almaas, o *Rebirthing* e o Trabalho Holotrópico com a Respiração, entre outros, relataram uma correlação entre a tensão corporal e as memórias reprimidas, e o efeito curativo de liberar o corpo da carga emocional das memórias.

No entanto, até hoje ainda é um mistério o modo pelo qual a memória da dor é preservada no corpo, e o que exatamente liga a memória, a energia e o corpo físico. Embora precisemos de mais pesquisas sobre esse assunto, eu acho que podemos nos aproximar de um entendimento se incluirmos na nossa formulação a dimensão subjacente e difusa da consciência fundamental.

A consciência fundamental impregna cada célula do nosso corpo. Segundo a metafísica hindu, a energia é uma contração ou condensação da consciência. A matéria física é uma contração ou condensação da energia. Assim, nesse sistema, a vida é basicamente consciência, e toda a matéria é permeada pela consciência e pela energia. Podemos também dizer que a matéria é organizada pela consciência que a permeia, em cada átomo ou cada célula.

Se olharmos agora para o corpo humano à luz desse sistema, veremos que em cada célula iremos encontrar consciência e energia. Podemos, portanto, especular que a memória, sendo um aspecto da consciência, impregna cada célula do corpo. A memória de um momento particular no tempo envolverá e registrará todo o nosso ser naquele momento, inclusive seus níveis energético e físico.

Surge uma questão interessante a respeito do relacionamento entre a consciência fundamental e nossa consciência fragmentada e represada. A literatura espiritualista oriental diz que a consciência fundamental é, na verdade, a nossa mente ordinária, porém claramente percebida. A consciência fundamental é a nossa mente na sua condição ilimitada e não-modificada. No entanto, essa mesma literatura diz que a consciência fundamental nunca é alterada, "nunca se moveu desde o início". Então, o que é que se contrai nos fragmentos retidos e o que é que gradualmente percebe a consciência fundamental?

De acordo com os ensinamentos orientais, existe um nível de consciência que vai se fragmentando (ou vai sendo marcado), enquanto o mesmo não acontece com a consciência fundamental. Isso tem sido chamado de nível causal de consciência. A metafísica hindu se refere ao nível causal como um invólucro ou cobertura que obscurece nosso reconhecimento da consciência fundamental.

Quando liberamos nossos padrões reprimidos, o nível causal se torna uno com a consciência fundamental; ele percebe a consciência fundamental. O verdadeiro sentimento desse processo, julgando a partir da minha experiência particular, é que quando abandonamos o nosso apego, a nossa consciência volta, como um elástico que é solto, ao núcleo vertical do corpo, expandindo a experiência do espaço difuso (consciência fundamental). O guru hindu Sathya Sai Baba disse que a iluminação ocorre quando dois aspectos da mente se tocam, referindo-se aparentemente ao nível causal e à consciência fundamental. O cristianismo esotérico também faz referência à função da nossa mente com a mente de Deus.

O nível causal de consciência e a consciência fundamental são basicamente o mesmo nível. Somente a partir do ponto de vista dos nossos fragmentos retidos, do nosso falso eu, é que existe outro tipo de consciência que não a consciência fundamental. Mas não devemos inferir, com base nisso, que o falso eu fragmentado possa ser desconsiderado por ser "irreal", porque, como vimos, o nosso verdadeiro corpo, energia e consciência estão presos a ele. Precisamos recuperar o nosso eu represado, para nos tornarmos completos na percepção da consciência fundamental.

Outra questão importante é saber por que algumas memórias ficam retidas no nosso corpo e outras não. Reich chamou as lembranças retidas de "patogênicas". Outros escritores as chamaram de "não-metabolizáveis", usando uma metáfora digestiva para descrever esse curioso fenômeno no qual algumas lembranças ficam literalmente presas no nosso organismo. Depois de uma cuidadosa observação de mim mesma e dos meus clientes, cheguei à seguinte resposta "funcional" a essa questão.

Começo com a hipótese de que o bebê recém-nascido não está, pelo menos relativamente, na defensiva. É possível, como sustenta a teoria oriental, que nasçamos com registros de vidas passadas. Talvez o nosso novo corpo se adapte às contrações defensivas do corpo sutil que viajou conosco do passado. Ou talvez (e eu acho que isso é bastante provável) já tenhamos sido marcados por alguns dos padrões de defesa dos nossos pais, codificados no espermatozóide e no óvulo à época da concepção, ou transmitidos pela interação dos campos de consciência dos nossos pais, enquanto jazíamos desprotegidos no útero. Mas podemos dizer com segurança que o bebê, pelo menos relativamente, não está na defensiva.

Não estar na defensiva significa estar totalmente disponível para a experiência. Podemos, por conseguinte, especular que o bebê, dentro da sua limitada esfera de florescimento das faculdades de percepção e de cognição, tem a sensação, a emoção e a percepção de cada momento através de todo o organismo. Ele sente clara e diretamente, tanto as circunstâncias interiores quanto as exteriores de cada momento, sem distorções. E embora, como as cuidadosas pesquisas de Daniel Stern sobre os bebês demonstraram, ele talvez distinga o seu eu dos eus e objetos que o cercam, ele sente, não obstante, o seu eu e o ambiente como um campo único e unificado — ou seja, sem uma rígida fragmentação entre o eu e o outro.

No entanto, desde o nascimento, e provavelmente desde os meses do período pré-natal e durante o parto em si, ocorrem muitos eventos intoleráveis para a criança que não está na defensiva. Trata-se dos eventos que foram chamados de "não-metabolizáveis". Eles ou são excessivamente dolorosos, como, por exemplo, os causados pela privação de alimento ou afeto; excessivamente assustadores, como, por exemplo, os causados por um rosto amado que se transforma ao assumir uma expressão de raiva; excessivamente estimulantes, como, por exemplo, os causados por sons altos; ou, quando a criança se torna mais perceptiva, excessivamente confusos, como quando dizem que ela é amada enquanto, na verdade, ela se sente asfixiada ou envergonhada. Muitos dos eventos intoleráveis do início da infância são bastante sutis, como quando o olhar da criança não é enfrentado diretamente, o amor dela não é claramente correspondido ou os sentimentos e as necessidades dela são mal-interpretados, de modo que a criança se sente fora de sincronia com o ambiente que a cerca. É fácil perceber que nenhum pai ou mãe, por mais bem-intencionados que sejam, são capazes de proporcionar à criança uma vida completamente metabolizável.

A criança recua diante de acontecimentos intoleráveis — ela não pode estar totalmente disponível para eles. É nesse recuo, nesse recolher da disponibilidade, nessa diminuição protetora da experiência que ela começa a aprisionar sua consciência, sua energia e seu corpo. Ela começa a formar fragmentos de uma vida aprisionada, que são separados do resto da sua consciência. Esses fragmentos estão na forma dos nossos recuos com relação à vida, bem como nas formas das nossas atitudes compensatórias. Embora possam produzir uma nítida mudança de postura (como uma curvatura ou escoliose), eles geralmente são condensações praticamente não detectáveis, escondidas dentro do corpo. E, como eu já disse, a maioria dos movimentos de defesa precisa ser repetida com o tempo, a não ser em casos de um trauma grave ou muito precoce, para ficar presa aos tecidos do corpo.

Desse modo, os momentos da nossa vida que foram por demais intoleráveis para serem completamente vividos estão na verdade preservados no nosso campo de consciência, energia e corpo. Nesses fragmentos, o corpo, a energia e a mente estão literalmente presos ao passado, não estando mais disponíveis para funcionar no presente. Em outras palavras, a criança e o adulto que estão na defensiva, não estão mais totalmente disponíveis para a experiência. Toda a experiência subseqüente será limitada pelos fragmentos retidos no corpo. Haverá lacunas em toda a sua experiência, nas quais a percepção, a emoção e a sensação física estarão fechadas pelo resto da vida.

Eis um exemplo de como isso acontece. Uma criança de 18 meses está sentada na sua cadeira alta, sendo alimentada pela mãe. Ela não está com fome e recusa a comida, mantendo a boca bem fechada para evitar a colher. A mãe perde a paciência, fica zangada, e põe a colher à força na boca da criança, ao mesmo tempo que ameaça castigá-la se ela não comer.

Nesse evento, uma combinação de circunstâncias invasivas, assustadoras e que despertam sua ira, esmagam a criança. Ela contrai os lábios, a boca e o esôfago, bem como outras partes do corpo em que está sentindo raiva, medo e náusea. Se essa cena ocorrer repetidamente, a tensão se tornará estática e presa ao corpo. Ela irá conter, pelo resto da vida da pessoa, a não ser que algum tipo de cura intervenha, a memória da alimentação forçada, junto com a raiva, o medo e a náusea que a criança sentiu na ocasião.

O conteúdo emocional e uma mentalidade correspondente a

18 meses de idade retidos no corpo da pessoa afetarão todas as suas experiências futuras, particularmente em situações que "ativem" essa mentalidade como as relacionadas com a comida ou com a aceitação de carinho. Os sentimentos e a mentalidade represados estarão presentes como um véu adulterador, um "sonho" entre ela e a experiência. Se muitos eventos desse tipo tiverem acontecido durante a infância dessa pessoa, ela poderá sentir, quando adulta, que a vida possui uma inexplicável conotação de medo e ameaça. Nas circunstâncias em que existe a possibilidade de carinho, ela poderá reagir com a mesma raiva e medo de ser esmagada que sentiu quanto tinha 18 meses de idade. Ela também irá construir um sistema de crenças e um complexo de defesas secundárias em torno dessa experiência limitada e distorcida. Poderá, por exemplo, decidir que nunca aceitará o carinho de uma maneira que satisfaça suas verdadeiras necessidades e evitar a intimidade, ou que é basicamente má por provocar a raiva da mãe (por ter necessidades), ou ela poderá fazer um enorme esforço para controlar o que come, gerando um comer compulsivo ou a anorexia.

Quase todos os métodos psicoterapêuticos tratam apenas do complexo secundário de crenças e defesas. A limitação dessa abordagem está em podermos fazer mudanças nas nossas crenças ou comportamentos sem liberar as emoções e a mentalidade da infância retidas no nosso corpo. Continuaremos, portanto, a ser perseguidos pelos dolorosos eventos da infância. Ficamos literalmente encurralados num relacionamento distorcido, contraído com o mundo, enquanto as memórias da infância permanecem ligadas ao nosso corpo. E essa prisão continuará a impedir nosso acesso ao núcleo vertical do corpo, bem como a percepção da consciência fundamental.

COMO LIBERAR A DOR EMOCIONAL DO CORPO CAUSAL

Existem muitas maneiras de facilitar a liberação das memórias retidas. Qualquer método que penetre os níveis físico ou energético da prisão, ou que ajude as pessoas a relaxar o controle que exercem sobre si mesmas, ajudará nessa liberação. No entanto, descobri que a liberação, freqüentemente, é apenas temporária, a não ser que o nível (causal) de consciência no fragmento retido seja contatado. Por exemplo, as pessoas tratadas pelo método Rolf com freqüência relatam que, poucos meses depois, as antigas tensões no corpo retornam. Isso acontece porque a consciência é básica para o nosso ser, permeando e organizando seus níveis energético e físico.

É o nível causal de consciência que organizou a redução da nossa energia e do nosso corpo. Essa mesma consciência, quando conseguimos ligá-la à consciência do momento presente, pode liberar essa redução. Além disso, a consciência é fundamentalmente ininterrupta — ela é a base da nossa totalidade. Quando entramos em contato com a dimensão da consciência dentro dos fragmentos retidos, entramos em contato com a nossa dimensão de totalidade. Essa é a maneira mais direta e eficaz de devolver ou religar os fragmentos retidos à totalidade da nossa consciência. Isso cura a origem da nossa fragmentação.

Para entrar em contato com a dimensão da consciência nos fragmentos retidos, precisamos penetrar profunda e sutilmente nessa prisão, além dos níveis da energia e do corpo físico. Apresento a seguir dois métodos para conseguir esse contato profundo e sutil.

EXERCÍCIO 6 *Como Liberar os Fragmentos Retidos*

Localize mentalmente o centro da sua cabeça, situado entre os ouvidos e entre o rosto e a parte de trás da cabeça, como é descrito no exercício 3 no capítulo anterior. Sinta que você está dentro do centro da sua cabeça.

A partir do centro da cabeça, descubra uma área de tensão no seu corpo. Ao encontrar a tensão a partir do centro da cabeça, você estará descobrindo o nível mais interior, o nível da consciência fundamental, dentro da tensão. Você estará descobrindo o nível da tensão que encerra a mesma qualidade sutil que o centro da sua cabeça.

Mantenha firme o foco dessa maneira, respirando suave e uniformemente pelo nariz. Mantendo esse foco sutil, entre em sintonia com o nível emocional da tensão. Continue a respirar uniformemente. Talvez você sinta a emoção avançar em direção à liberação. Esta pode ocorrer sob a forma de lágrimas, ou de uma maneira mais sutil, como vibração, como movimento da energia (emoção é energia). Essa vibração emocional se dissipará, à medida que ela sair do corpo. Você poderá também ter a lembrança de um evento ou eventos específicos da sua infância (é raro, mas a retenção também ocorre a partir de um trauma adulto). E você talvez sinta a qualidade ou a idade da consciência da sua infância. Nem todas as tensões no corpo são memórias retidas. A tensão pode ser puramente física, causada por uma lesão ou por um desequilíbrio estrutural. As tensões físicas também podem ser liberadas dessa maneira, pelo contato com a dimensão da consciência fundamental dentro da tensão, a partir do centro da cabeça.

EXERCÍCIO 7 *Como Liberar Atitudes Retidas*

Este segundo método pode ser usado depois que você descobrir uma atitude habitual ou retida no seu corpo, como de recuo, desafio, cautela excessiva, e assim por diante.

Deixe seu corpo se mover dentro da atitude retida. Viva realmente essa atitude. Talvez você descubra que partes do seu corpo que você não sabia que estavam envolvidas na atitude se movem nesse padrão de tensão. Como todo o corpo está ligado pela fáscia, nossos padrões retidos freqüentemente envolvem uma linha de tensão através de todo o corpo.

Quando conseguir sentir o padrão total de tensão, tente entrar em sintonia com a consciência que está sustentando a tensão. Originalmente, toda a nossa retenção era volitiva, se bem que inconsciente. A mesma parte da sua mente infantil que estabeleceu a inibição no seu corpo ainda permanece preservada nessa inibição. Procure sentir a mente infantil que está sustentando a atitude experimentada no corpo. Talvez você sinta a idade que tinha quando criou esse padrão pela primeira vez. Você também poderá sentir o conteúdo emocional desse padrão.

No papel dessa consciência da infância, você será capaz de sentir e descarregar a emoção retida. Novamente, a liberação da emoção poderá ocorrer como lágrimas ou como o movimento da energia percorrendo e saindo do seu corpo. A emoção terá a qualidade da sua idade quando foi retida no seu corpo. Por exemplo, a raiva de uma criança de dois anos encerra uma qualidade diferente da de uma criança de seis anos, ou ainda da de um adulto. Você também será capaz, no papel da consciência da infância, de liberar a tensão física, tão simplesmente quanto consegue relaxar os músculos da mão depois de cerrar o punho. Este não é um método de regressão no sentido usual de nos sentirmos inteiramente como uma criança. *Nossa consciência atual permanece alerta e testemunha a parte fragmentada da nossa consciência, da nossa energia e do nosso corpo que está retida na memória infantil.*

A liberação do nível causal de consciência nos permite perceber a consciência fundamental. Entrar em contato com o nível causal de consciência dentro dos fragmentos retidos no nosso corpo é o método mais direto e meticuloso para nos libertar desse nosso aprisionamento. A sensibilidade e a harmonia com nós mesmos, necessárias para esse trabalho, desenvolve-se gradualmente, à medida que liberamos uma quantidade maior do nível causal de consciência e entramos em contato com uma quantidade maior de consciência fundamental.

Tão logo passamos a viver na dimensão da consciência fundamental, podemos perceber nosso confinamento como condensações no espaço vazio e unificado da consciência fundamental. (Algumas pessoas percebem esse confinamento como áreas de escuridão no espaço da consciência fundamental.) Torna-se então muito mais fácil penetrar a mente causal reduzida dentro dessas densidades e religá-la à totalidade da consciência fundamental. À medida que, gradualmente, as estruturas ou padrões sutis são liberados, sentimos que o espaço da nossa consciência está cada vez mais vazio e inviolado. Certo homem disse que era como se véus tivessem caído, de modo que não havia nada entre ele e as outras pessoas ou objetos. Essa é a experiência direta da vida e um dos sinais da iluminação.

Quando conseguimos perceber claramente que a dor da infância é sustentada no nível causal da nossa consciência, e pode ser liberada tão metodicamente como quando removemos uma farpa do dedo, fica óbvio que nunca poderemos sofrer um dano psicológico irreparável. Essa é uma descoberta crucial para as pessoas que conservam um trauma profundo ou extremamente precoce, ou que nasceram num ambiente em que estava presente uma dor emocional difusa e constante. Essas pessoas com freqüência se sentem permanentemente lesadas, ou acham que sempre estiveram num estado de dor psicológica. Por exemplo, pessoas cronicamente deprimidas em geral relatam que a depressão parece ser a sua verdadeira natureza, ou que ela dá a impressão de ser "física". O sofrimento psicológico grave ou prolongado realmente afeta a química do nosso corpo e todo o nosso bem-estar físico. A dor retida diminui enormemente nosso sistema de energia, o que, por sua vez, reduz nosso funcionamento fisiológico. Quando a dor psicológica se torna uma condição biológica, a gravidade e a duração da sua existência irão influenciar a facilidade com que ela pode ser curada.

A dor crônica psicológica não é a verdadeira natureza de ninguém. Quando uma pessoa consegue alcançar a dimensão da consciência fundamental, até mesmo uma dor profundamente enraizada ou difusa pode ser eliminada do corpo, e o funcionamento energético e físico é devolvido ao estado saudável. No caso da maioria das pessoas, isso requer um trabalho psicológico e espiritual habilidoso e constante.

Trabalhei há alguns anos com uma mulher que havia sofrido um abuso sexual extremamente grave e era incapaz de ter um relacionamento íntimo. Ela não conseguia falar ou pensar no ocorrido sem um sentimento avassalador de vergonha e náusea. Ela me disse que sentia que havia algo essencialmente sombrio e "podre" a respeito dela; ela tinha a certeza de que nunca iria conseguir se livrar desse sentimento. No entanto, ao longo de um período de três anos, ela pouco a pouco foi capaz de entrar em sintonia com o espaço claro e aberto da consciência fundamental que permeia o seu corpo. Ela pôde então sentir que até mesmo a sensação de podridão estava simplesmente alojada no espaço como um véu, como o estavam as afiadas farpas de terror e os ardentes bolsões de raiva que ela encontrou durante o processo de recuperação. À medida que os anos iam passando, pude vê-la recuperar suas qualidades essenciais — coragem e poder no abdômen, ternura no coração e o que ela chamava de "doçura" na pele e nos órgãos sexuais. Finalmente, ela me disse que estava percebendo o interior do seu corpo como se ele fosse "feito de luz".

Não estou dizendo que deixamos de sentir toda a dor emocional quando liberamos o nível causal de consciência. É a nossa dor da infância e a distorção da nossa experiência atual que diminuem gradualmente. Com efeito, à medida que liberamos a energia represada, correspondente ao nosso sofrimento, à raiva e ao medo passados, adquirimos profundidade emocional e fluidez nas respostas aos eventos atuais da nossa vida. Sentimos profundamente nossas emoções, mas as sentimos como movimentos apropriados e temporais que passam pela base imutável da nossa consciência fundamental.

Quando amadurecemos, começamos a ver a vida de uma perspectiva única e unificada e não a partir das múltiplas perspectivas da nossa consciência fragmentada e aprisionada. Crescemos em direção à totalidade. E descobrimos que nossa totalidade individual é, ao mesmo tempo, a totalidade do eu e do ambiente à nossa volta. Este é o tema do próximo capítulo.

4

DISTÂNCIA E INTIMIDADE: DESEMBARAÇANDO-NOS DO OBJETO

Um dos maiores desafios do caminho espiritual é sermos capazes de levantar a cabeça da almofada de meditação e manter nosso estado realizado de consciência no mundo exterior. Nosso estado fragmentado de defesa foi basicamente criado em relação às outras pessoas, de modo que são esses encontros com outros membros da nossa espécie que se mostram mais desconcertantes para o nosso emergente sentimento de unidade com o mundo. Para nos estabilizarmos na consciência fundamental, é importante compreendermos como a nossa percepção dessa dimensão afeta a maneira pela qual nos relacionamos com as outras pessoas.

Veremos neste capítulo que é quando atingimos nossa maior distância com relação às outras pessoas, sob o aspecto da nossa perspectiva psicológica e física, que formamos uma unidade com elas. O poeta Kabir disse que o desapego e o amor são as "correntes gêmeas da iluminação". Isso significa que a individuação e a transcendência, a distância e a intimidade, a separação e a unidade ocorrem ao mesmo tempo quando percebemos a consciência fundamental.

A NATUREZA ESPACIAL DO CRESCIMENTO PESSOAL

A consciência fundamental impregna todo o nosso corpo e o universo. Nessa dimensão, sentimos a continuidade, a unidade do nosso eu e do nosso ambiente. Como expliquei no capítulo anterior, a percepção da consciência fundamental é reduzida pelas contrações de defesa no nível causal de consciência que, com o tempo, enrijecem e aprisionam os níveis energético e físico do nosso ser. As contrações no nível causal de consciência reduzem e fragmentam nossa experiência da unidade básica do eu e do ambiente que nos cerca. Em outras palavras, quando nossa percepção da consciência fundamental se contrai (como acontece até certo ponto com todo mundo), nossa experiência da unidade eu-ambiente fica reduzida, porque a consciência fundamental é a dimensão da unidade eu-ambiente.

A limitação na nossa experiência da unidade eu-ambiente é uma limitação no nosso sentimento de espaço. Nesse espaço reduzido, nossa perspectiva é literalmente encurtada, de modo que as pessoas e os objetos parecem estar mais próximos de nós no espaço do que realmente estão. Recentemente, quando eu estava explicando isso num seminário, uma mulher me disse: "Eu tenho dito durante toda a vida que preciso de espaço." Esta é uma queixa muito comum nos seres humanos. Os escritores existenciais, ao descrever a condição humana, apontaram repetidamente para essa sensação de sufocação e encurralamento. Na medida em que estamos encerrando no corpo memórias e emoções dolorosas, vivemos num espaço pequeno demais para nós. Não podemos nos mover, respirar, sentir ou pensar com desenvoltura. Não é o corpo em si que é uma prisão para o espírito, como sugeriram algumas obras religiosas, mas sim o aprisionamento da dor no corpo aquilo que nos enclausura. À medida que o nível causal de consciência afrouxa seus laços, temos uma sensação de expansão e de liberdade.

Além de encolher o espaço em que vivemos, de modo que nos sentimos "limitados" com relação ao ambiente exterior, nossa dor também aprisionada cria uma rígida fragmentação ou barreira entre a pessoa e seu ambiente. No nosso corpo de defesa, nós nos sentimos separados do nosso ambiente. Onde quer que tenhamos uma dor aprisionada no corpo existem lacunas na nossa consciência e na nossa experiência. "Preenchemos" essas lacunas com uma experiência imaginária — com projeções dos nossos antigos medos, aversões, crenças e necessidades não-satisfeitas na nossa vida atual. Conhecemos "lá fora" um mundo de sombras e ameaças que é separado de um mundo "interior" de medos e anseios. Essa é a ilusão da separação que os budistas consideram nossa confusão básica.

Estamos, portanto, ao mesmo tempo confinados ao nosso ambiente e separados dele. E a direção do crescimento é um processo simultâneo de desembaraçamento e conexão. Quando abandonamos nossas defesas e projeções, nos vemos no mesmo espaço contínuo, no mesmo campo de consciência difusa que o ambiente exterior. Tanto o desvencilhamento quanto a unidade ocorrem quando deixamos de viver no limite defensivo entre o nosso eu e o nosso ambiente, e passamos a viver no núcleo vertical do nosso eu.

Quando vivemos no limite de defesa, nós nos comunicamos a partir da nossa superfície para a superfície das pessoas e das coisas que nos cercam. Por exemplo, sentimos o nosso eu no rosto, e não no centro da cabeça, e tomamos consciência apenas do rosto da pessoa com quem nos relacionamos. Quando tocamos, sentimos apenas o contato da pele. Mas quando vivemos no núcleo vertical e no espaço interior do nosso corpo, encontramos os outros seres vivos pela continuidade da nossa própria vida e da profundidade e do conteúdo interiores da outra pessoa. Sentimos as qualidades da outra pessoa, o timbre e o tom da inteligência que está por trás do rosto, o movimento da resposta e a vibrante imobilidade do ser essencial dentro da pele. Nós nos ligamos e vibramos em uníssono com os aspectos sutis da consciência fundamental — a base da percepção, da emoção e da sensação que permeia todos nós. Com a minha percepção, eu percebo a sua. Com a minha qualidade emocional, eu sinto a qualidade emocional do seu ser. Com a minha sensação física, eu sinto a sua sensação física. Isso é mais do que conexão — é comunhão, a unidade, que é o nosso verdadeiro relacionamento com todos os outros seres. Como eu já disse, essa comunhão ocorre quando nos afastamos ainda mais do mundo e penetramos na nossa perspectiva mais profunda no núcleo vertical do nosso corpo. Nosso maior contato com o mundo ocorre por meio da distância expandida, a verdadeira distância, da consciência fundamental.

A INDIVIDUAÇÃO

Quase todos os psicólogos se referem à meta do crescimento pessoal como individuação. Na década de 50, Margaret Mahler formulou uma seqüência das fases no início da infância, que se tornaram a base da visão predominante do desenvolvimento psicológico dos nossos dias. Ela disse que o bebê recém-nascido se encontra num estado psicológico em fusão virtual com a mãe e com o ambiente que o rodeia. Quando ele recebe cuidados e estímulos suficientes, torna-se cada vez mais consciente de si mesmo e da mãe como entidades separadas. Nesse processo, ele passa pelas fases de apego simbiótico à mãe, uma fase "prática" de crescente mobilidade e autonomia, uma fase de aproximação, na qual seu ponto focal se desloca entre o apego à mãe e sua recém-descoberta autonomia, alcançando finalmente a estabilidade do objeto por volta dos três anos de idade. Ao atingir a estabilidade do objeto, ele é capaz de ficar sozinho, aparentemente seguro de que a mãe finalmente voltará para perto dele e de que pode desfrutar esse seu novo eu sem o medo de ser abandonado.

Mahler chamou essa seqüência de processo de separação-individuação. Este conceito passou pelo teste do tempo porque, na prática clínica, os psicoterapeutas vêem um grande número de pessoas que parecem "empacadas" numa ou mais dessas fases que antecedem a estabilidade do objeto. Parece que todos estamos, até certo ponto, lutando para nos libertar do nosso apego aos nossos pais e ao ambiente exterior, e adquirir uma identidade individual. Ao mencionar a identidade individual, estou me referindo à capacidade de perceber o mundo diretamente com os sentidos, à capacidade de compreender nossa experiência com a mente e sentir que habitamos um corpo, à capacidade de sermos capazes de nos entregar à espontaneidade da nossa criatividade e paixão sexual e de saber que, em grande parte, podemos criar as circunstâncias da vida que escolhemos. Viemos a reconhecer, no ambiente terapêutico, que o caminho em direção a essa identidade separada está repleto de inúmeros tabus e obstáculos. Trata-se de um avançado estado de saúde e maturidade psicológicas. Posso afirmar com segurança que, por volta dos três anos de idade, quase todos nós sentimos algum tipo de ferida que impede o nosso progresso em direção a essa meta, mesmo na idade adulta.

A teoria da separação-individuação de Mahler tem sido questionada nos últimos anos, mais caracteristicamente por Daniel Stern e por terapeutas que estão desenvolvendo teorias sobre a psicologia feminina. A mais forte objeção de Stern à essa teoria é o fato de ela enfatizar a crescente separação da criança, parecendo simplesmente ignorar a crescente capacidade demonstrada por ela para a intimidade. Ele escreve o seguinte: "O apego e a separação, ou o ajuste e o desajuste estão inextricavelmente relacionados, são lados opostos da mesma moeda... A estrutura e o funcionamento do ajuste e do desajuste estão entrelaçados, de modo que a história do desenvolvimento de um precisa abarcar a história do desenvolvimento do outro, independentemente da fase de desenvolvimento em que está a criança. Os primórdios da separação e da individuação precisam ser contemporâneos dos primórdios do apego."

Stern observou as crianças e chegou à conclusão de que o bebê nunca se confunde com o ambiente, nunca se encontra num estado de total fusão ou simbiose. Ele sente que existe um "sentimento emergente do eu desde o nascimento". Não obstante, ele encara o desenvolvimento da criança como uma crescente conscientização do eu e do outro, física, emocional e verbalmente, que ele chama de "aquisição de novos sentidos do eu". Embora discorde das fases específicas delineadas por Mahler e sinta que estas enfatizam muito pouco a crescente ligação da criança com os outros, ele parece concordar com sua principal tese de que o desenvolvimento humano está voltado para uma crescente individuação, junto com a capacidade para a intimidade.

Os argumentos da psicologia feminina também estão centrados em torno da ignorância e implícita subestimação da crescente capacidade da criança para a intimidade no esquema de Mahler. Essa aparente subestimação é vista como resultando numa depreciação do comportamento feminino, que está tipicamente mais preocupado com a intimidade do que com a separação. Carol Gilligan, citando Nancy Chodorow, cuja análise da identidade sexual se baseia nas pesquisas de Robert Stoller, diz o seguinte: "A formação da identidade feminina ocorre num contexto de contínuo relacionamento, visto que 'as mães tendem a vivenciar as filhas como mais semelhantes e constantes em relação a elas'. Em conformidade com esta idéia, as meninas, ao se identificarem como sendo do sexo feminino, se consideram semelhantes à mãe, fundindo assim a experiência do apego ao processo de formação da identidade. Contrastando com isso, 'as mães sentem os filhos como um oposto masculino', e os meninos, ao se definirem como sendo do sexo masculino, separam a mãe de si mesmos, mutilando assim seu 'amor primário e o sentimento de um vínculo empático'. Conseqüentemente, o desenvolvimento masculino acarreta uma 'individuação mais enfática e um firmar mais defensivo dos limites vivenciados pelo ego'."

Desse modo, a psicologia feminina argumenta que a teoria da

separação-individuação é tendenciosa com relação ao sexo, pois julga a maturidade psicológica em função de padrões que não abrangem a história do desenvolvimento das mulheres. Minha opinião pessoal a respeito desse assunto é que, embora os homens e as mulheres encontrem diferentes relacionamentos com a mãe e o pai, bem como expectativas culturais diferentes em relação à separação e ao apego, tanto a individuação (não-defensiva) quanto a capacidade para a intimidade devem ser consideradas como as metas da maturidade pessoal para ambos os sexos. É o legado, de uma geração para outra, da dor e da fragmentação aprisionada, intensificadas pelas imagens e crenças compartilhadas pela nossa sociedade, que criou o relacionamento frustrante e conflituoso entre as mulheres que anseiam pela intimidade e os homens que optam pelo distanciamento. Para que uma pessoa seja relativamente completa e livre de conflitos, é preciso que ela tenha uma capacidade equilibrada tanto para a união quanto para a separação.

Desde que nascemos, tentamos nos tornar completamente nós mesmos, no contexto do nosso amor pelos nossos pais. Se o desenvolvimento na infância fosse exclusivamente uma questão de separação, não haveria nem de longe o grau de conflito e de dor, e a retenção da dor no corpo, que existe nesse delicado ato de equilíbrio entre a nossa cada vez mais profunda percepção de nós mesmos e o crescente amor que sentimos pelos nossos pais. É quase sempre por amor que abandonamos (aprisionamos) as partes do nosso eu que não encontram aceitação da parte dos nossos pais. E é quase sempre em prol da autonomia que nos fechamos ao amor dos nossos pais, quando esse amor não inclui o reconhecimento e a sanção da nossa identidade separada.

Mahler apresenta sua seqüência de separação-individuação como as fases normais e naturais do desenvolvimento do bebê e da criança. Isso implica que ela acredita, como eu, que existe uma expansão espontânea em direção à individuação. Não obstante, coloco a individuação no âmbito da maturidade pessoal avançada, e não na idade de três anos, como Mahler. Daniel Stern expressa uma preocupação semelhante quando escreve o seguinte: "Questões clínicas, que têm sido encaradas como as tarefas de desenvolvimento de épocas específicas da infância, são vistas aqui como questões relacionadas com a vida toda em vez de como fases de desenvolvimento da vida, operando essencialmente nos mesmos níveis em todos os pontos do desenvolvimento." Assim como o desenvolvimento da capacidade da criança para o amor e para a separação é "contemporâneo", o adulto que está amadurecendo espiritualmente descobre que a unidade com o cosmo e a individuação se desenvolvem simultaneamente na dimensão da consciência fundamental. A primeira noção de intimidade e separação da criança é a forma rudimentar do amor incondicional e o desapego sereno em relação ao mestre espiritual.

Para o adulto, a individuação é a progressão de um estado de fusão com outras pessoas para um estado de crescente independência e capacidade de amar. O estado de fusão é uma dependência da reação das outras pessoas para podermos nos sentir bem, seguros, fortes e completos. Somos incapazes de usar nossos sentidos e nosso entendimento, ou de perceber e pensar por nós mesmos. Existe a sensação de que nunca estamos verdadeiramente sozinhos com nós mesmos, e de não sermos capazes de sentir claramente nossas sensações, sentimentos e pensamentos. Daniel Stern escreve que, em situações de incerteza, os bebês "olham na direção da mãe para ler no rosto dela dados de conteúdo afetivo, buscando basicamente observar o que devem sentir e obter uma segunda avaliação que irá ajudá-los a resolver sua incerteza". Essa atitude da pessoa de olhar para os outros com o objetivo de observar o que deveria estar sentindo continua a existir no adulto que ainda não descobriu sua identidade separada.

R. D. Laing escreve o seguinte: "Se a pessoa não sente que é autônoma é porque não consegue perceber nem a separação com relação ao outro nem seu relacionamento com ele, da maneira usual. A falta de um sentimento de autonomia implica que sentimos que estamos ligados ao outro ou que o outro está ligado a nós, em um sentido que transgride as verdadeiras possibilidades dentro da estrutura do relacionamento humano. Significa que o sentimento de que estamos numa posição de dependência ontológica com relação ao outro (i.e., que dependemos do outro para a nossa existência) é substituído pelo sentimento de relação e ligação com o outro, baseado na reciprocidade propriamente dita."

Algumas pessoas se defendem desse sentimento de serem incompletas e dependentes evitando o contato com as outras pessoas. Elas têm medo de serem dominadas, ou de se sentirem enfraquecidas pelos outros, porque têm muito pouco sentimento da própria existência. Outras, porém, se tornam "viciadas" em amor, buscando desesperadamente qualquer pessoa que se amalgame a elas e as ajude a se sentirem vivas.

O RELACIONAMENTO NA CONSCIÊNCIA FUNDAMENTAL

Na minha atividade como professora do Trabalho com o Eu Sutil, descobri que a condição de estar ligado ao outro pode ser observada na colocação da consciência da pessoa. Eu disse anteriormente que antes de percebermos a consciência fundamental, nós nos relacionamos com a superfície dos outros seres a partir da superfície do nosso eu. Com efeito, a maioria das pessoas não está nem mesmo na superfície do corpo; elas estão na frente dele. Quero dizer com isso que elas habitualmente se relacionam com o mundo e sentem a si mesmas a partir de um espaço na frente do corpo. Quando vivemos no espaço reduzido da unidade diminuída do nosso ambiente individual, sentimos o centro do nosso ser à frente do nosso corpo, em vez de no núcleo dele. Estar ligados a outras pessoas significa, literalmente, viver fora do nosso corpo e do nosso eu.

A maioria das pessoas não tem a menor consciência do seu

estilo de relacionamento. Mas se eu me sento diante de alguém e encontro essa pessoa no ponto do espaço entre nós no qual ela está situada, ela geralmente fica ciente da sua posição de consciência no espaço. E freqüentemente ela reconhece a posição do nosso contato como sendo familiar, como o estilo de relacionamento que existia na família dela quando criança. Por razões que irei descrever em breve, quase todo mundo possui um certo grau de deslocamento da consciência em relação ao núcleo vertical e ao espaço interior do corpo. Algumas pessoas vivem apenas um pouco à frente do corpo, enquanto outras estão muito mais separadas do seu verdadeiro centro. Algumas pessoas se relacionam, projetando-se inteiramente na pessoa com quem estão se relacionando, como se verdadeiramente formassem uma amálgama com ela. Não estou querendo dizer que elas focalizam o interior do corpo da outra pessoa, e sim que a origem do ponto focal delas, *o lugar a partir de onde elas sentem o mundo*, está dentro do corpo da outra pessoa. Muito se tem dito a respeito da natureza subjetiva da nossa noção de tempo, de como o tempo às vezes parece passar mais devagar ou mais depressa, dependendo do nosso estado psicológico. No sentido que estou descrevendo aqui, nossa experiência do espaço, ou distância, também é subjetiva e relativa.

Como já disse, quando nossas defesas psicológicas nos mantêm na unidade reduzida do nosso ambiente individual, nós nos sentimos ao mesmo tempo fundidos com o ambiente e na defensiva com relação a ele. Quando entramos em contato com outra pessoa a partir do espaço na frente do nosso corpo, em vez de fazê-lo a partir do núcleo vertical do nosso corpo, tanto a percepção que temos dessa pessoa quanto nossa capacidade de nos relacionarmos com ela são limitadas. Isso acontece porque a fonte da nossa percepção, do nosso amor, do nosso poder e sexualidade situa-se no núcleo do nosso corpo. Quando nosso acesso ao núcleo é bloqueado, ficamos menos capazes de verdadeiramente perceber, amar ou ser sexualmente estimulados por outra pessoa. Além disso, nossa interação geralmente é distorcida pelas emoções e necessidades da infância presas no nosso corpo, que bloqueiam nosso acesso ao nosso núcleo e diminuem a nossa experiência do espaço. Isso significa que não estamos nos relacionando diretamente com a pessoa com quem estamos no momento, e sim com pessoas e situações anteriores cuja lembrança é ativada pelo relacionamento atual. Somente quando nossa perspectiva se aprofunda e começamos a sentir nossa totalidade separada, é que somos capazes de manter um verdadeiro contato com outra pessoa, a partir do verdadeiro centro do nosso ser.

Existem várias razões pelas quais vivemos e nos relacionamos com o mundo a partir do espaço na frente do nosso corpo.

1. Embora a criança pequena tenha uma postura relativamente não-defensiva, de modo que a experiência que ela tem da unidade eu-ambiente não é defensivamente reduzida, mesmo assim, ela vive numa experiência menor de espaço do que o adulto que não está na defensiva. Embora a experiência da criança só possa ser, para nós, uma questão especulativa, podemos nos apoiar na avaliação de especialistas como Mahler e Stern, que afirmam que a criança começa a vida tendo apenas uma consciência rudimentar de si mesma e do ambiente à sua volta, crescendo naturalmente em direção à individuação e à capacidade de relacionamento. Se você recordar as memórias da sua infância, você talvez repare que elas ocorrem numa pequena esfera de interação, que o mundo consistia no espaço delimitado pelo cercado, por exemplo, ou num objeto diretamente à sua frente. Mas se você pensar em si mesmo na época em que era adolescente, você talvez note que sua memória ocorre num contexto mais amplo, como uma sala. Existe um processo natural de crescimento que expande o nosso sentido de espaço, na medida em que ele não é impedido pela defesa psicológica. Embora muitas crianças pequenas tenham experiências espirituais, como sair do corpo ou ter premonições, trata-se de uma experiência diferente daquela em que a consciência da pessoa permeia e abarca uma vasta região do espaço, estendendo-se em todas as direções, como acontece na maturidade espiritual.

Nossas defesas psicológicas — a retenção da consciência no nosso corpo — ocorreram principalmente na infância, em interação com o nosso ambiente. Assim, essas defesas da infância conservam o relacionamento imaturo e espacialmente limitado da criança com o mundo no nosso corpo adulto. Quando um adulto se relaciona conosco a partir dessa perspectiva reduzida, ele é reconhecidamente infantil. A falta de autodomínio ou da capacidade de separação torna-o dependente e maleável, exatamente como uma criança. Além disso, as partes da nossa consciência que estão presas às nossas defesas não estão disponíveis para o processo de amadurecimento em direção ao núcleo vertical do corpo. Elas permanecem "empacadas" no passado.

2. O aprisionamento da memória e da dor da infância no corpo bloqueia nosso acesso ao núcleo vertical do corpo e a percepção da consciência fundamental. Esse aprisionamento também impede que ocupemos as partes do nosso corpo em que as lembranças e a dor são mantidas. Não podemos ocupar — não podemos permear com a nossa consciência fundamental — as partes do corpo que estão presas. Quando somos incapazes de ocupar nosso corpo, nosso sentimento do eu se desloca para fora do corpo.

3. Quando crianças, distorcemos nosso comportamento de várias maneiras para conservar o amor dos nossos pais. Nesse processo, muitos de nós se tornam hipervigilantes com relação ao clima emocional e às expectativas do ambiente exterior. Isso é particularmente verdadeiro quando nossos pais são violentos ou imprevisíveis, e instáveis no que tange à aprovação e à censura. Nossa atenção se desloca da experiência interior e se concentra excessivamente no mundo exterior.

Trabalhei com uma mulher, por exemplo, que mantinha os olhos, normalmente, concentrados de maneira difusa, colados ao meu rosto durante as sessões. O centro do ser dela parecia estar situado a poucos centímetros do meu rosto, embora estivéssemos sentadas a mais de um metro uma da outra. Quando ela começou a sentir sua consciência difusa e projetada, ela se lembrou de uma cena recorrente de sua infância. Ela tentava brincar com seus blocos de madeira, enquanto a mãe corria agitada de um lado para o outro cuidando das tarefas domésticas. Quando conseguiu ter acesso à parte da sua consciência que pertencia à criança, ela foi capaz de ver claramente a mãe e pôde sentir a dor emocional que a dominava. Ela associou essa dor aos freqüentes conflitos entre os pais, que algumas vezes explodiam em violência. Ela também pôde sentir o medo de que, se "abandonasse" a mãe e se concentrasse nos blocos de madeira, algo terrível poderia acontecer à mãe. Vemos aqui a maneira como a maturidade que Mahler chamou de "constância do objeto" pode ser obstruída. Essa criança era incapaz de ficar sozinha com sua atividade porque o lugar da mãe na sua vida não parecia garantido. Como adulta, ela ainda "se agarrava" às pessoas com os olhos, e ainda não conseguia se concentrar na sua experiência interior.

4. Podemos acrescentar a essa lista a pressão dos meios de comunicação e as convenções sociais para que ajustemos nosso comportamento e aparência aos das outras pessoas, e vivamos como a idéia particular de uma pessoa em vez de como o nosso próprio eu. Quando nos ajustamos a normas padronizadas de beleza física, de sucesso material e de escolhas morais, diminuímos nossa harmonia com o nosso eu e desequilibramos a nossa consciência com relação ao mundo exterior. Isso é visível, por exemplo, nas mulheres que se projetam e efetivamente vivem numa imagem estática de beleza convencional sobreposta ao próprio rosto, ao próprio corpo, relacionando-se a partir dela. Por se sentirem como objetos, elas se relacionam a partir de uma posição superficial e objetificada, separada da experiência subjetiva.

5. Uma das principais razões pelas quais nos relacionamos com as outras pessoas e sentimos o nosso eu a partir do espaço extrínseco ao nosso corpo é que aprendemos esse estilo de relação com os

nossos pais. Estes são as primeiras pessoas com quem nos relacionamos na vida, e nossos relacionamentos subseqüentes baseiam-se no estilo de relacionamento que aprendemos com eles. Como nossos pais também vivem num corpo de defesa, eles necessariamente se relacionam conosco a partir do lado de fora do próprio corpo. Automaticamente, nos ajustamos à posição de consciência dos nossos pais, para estar em contato com eles e sentir que pertencemos à família.

A direção natural do crescimento pessoal é que a nossa consciência penetre o corpo e avance em direção ao núcleo. Mas um pai ou uma mãe que não tenham avançado muito no sentido da individuação (que é o caso da maioria das pessoas) freqüentemente fornecem à criança sinais sutis de desaprovação quando a criança começa a se desenvolver interiormente. Esses sinais amiúde são involuntários, expressões inconscientes ou vibrações emocionais de abandono e raiva, também inconscientes. Uma mãe, por exemplo, põe o filho de dois anos no colo, como faz habitualmente, mas desta vez a criança olha para ela a partir de um ponto mais interior, com um pouco mais de clareza do que a habitual. Reagindo apenas ao que parece ser uma falta de proximidade, a mãe puxa o menino mais para perto do rosto dela e o aperta firmemente nos braços. Ela quer manter a distância de relacionamento que é agradável e afetuosa para ela. No entanto, essa ação na verdade frustra o novo nível de contato para o qual a criança estava preparada. O pai ou a mãe também podem transmitir uma falta de reconhecimento, como se a criança tivesse se tornado uma estranha, ou ainda comunicar um diminuição do afeto. A criança recebe a mensagem não-verbal de que relacionar-se de uma maneira que não espelhe a maneira de se relacionar dos pais compromete o vínculo de amor entre eles. No meu trabalho com as pessoas em que as ajudo a se relacionarem a partir do núcleo de si mesmas, a maioria relata algum tipo de tabu familiar contra essa expressão espacial/relacional da individuação. Embora nós efetivamente experimentemos um maior contato uns com os outros, a partir da distância maior do nosso núcleo, o deslocamento para essa distância maior evoca uma sensação de risco.

Certa mulher, por exemplo, foi capaz de sentir que estava se relacionando comigo a partir de algum lugar no espaço entre nós, mas mostrava-se relutante em mudar essa situação. Depois de se debater durante algum tempo com a idéia, ela finalmente admitiu que não achava que eu realmente queria que ela fizesse o deslocamento para dentro. Quando garanti a ela que eu queria isso, ela expressou uma descrença que rapidamente se dissolveu em lágrimas. Mudar seu sentimento do eu para dentro fazia com que ela se sentisse desleal com relação à mãe, de quem fora muito próxima. Ela sentia que iria partir o coração da mãe se abandonasse seu estilo de relacionamento através da fusão, e que talvez sua mãe nem mesmo sobrevivesse a isso. Ela também tinha medo de estar no mundo como adulta, sem a projeção sobreposta do seu relacionamento com a mãe. Disse ainda que estar no núcleo do corpo fazia com que ela se sentisse como se estivesse "fazendo as coisas sozinha".

Muitas pessoas têm medo de perder contato com o mundo exterior ou de serem abandonadas se viverem no núcleo de si mesmas. Elas se sentem culpadas por se separarem do ambiente, ou raivosamente desafiantes, como se a separação só pudesse acontecer como um ato de rebeldia. Freqüentemente, as pessoas me contam que se sentem egoístas quando estão em seu núcleo. Outras temem que serão mais claramente vistas e conhecidas pelos outros se viverem no núcleo, e que serão rejeitadas por serem realmente quem são. Embora eu tenha presenciado inúmeras vezes essas reações, e as tenha experimentado pessoalmente, ainda fico impressionada com o fato de que estar dentro do próprio corpo e se relacionar com o mundo a partir daí possa parecer tão perigoso.

Também tenho observado a dificuldade da separação a partir do ponto de vista dos pais. No caso de muitas pessoas, a intimidade intricada que mantêm com os filhos pequenos satisfaz as necessidades da mentalidade infantil ferida delas mesmas. Antigas rejeições e perdas são finalmente aliviadas pelo afeto dependente e incondicional da criança. Quando a criança começa a superar o estado de compromisso com os pais, estes se sentem abandonados.

Trabalhei com uma mulher que se sentiu amada pela primeira vez na vida quando seu bebê nasceu. Ela criou novo ânimo durante os dois primeiros anos da vida da criança, tornando-se mais contente e confiante do que nunca. Mas certo dia ela chegou muito aborrecida para a nossa sessão. Durante a troca de carinhos entre eles, a hora predileta do dia da minha cliente, sua filha tinha se recusado a se deitar do lado dela, preferindo brincar com seus brinquedos. Quando a mulher insistiu em que a criança se deitasse, esta teve um acesso de raiva, e a mãe ficou furiosa e gritou com a filha. A fonte de amor e atenção desta última não estava mais concentrada exclusivamente na mãe. No caso da criança, esta aprendeu que separar-se da mãe envolvia algo mau. Ela provavelmente percebeu que esse incidente tinha sido de certo modo mais grave do que quando a mãe gritava com ela por ter derramado ou quebrado alguma coisa. Além da raiva na voz e na expressão facial da mãe, também havia a dor e a acusação de traição emocional.

Quando os adultos iniciam a operação de acesso ao núcleo do corpo, relacionando-se com o mundo a partir desse núcleo, eles encontram tanto a dor da infância presa ao corpo, quanto o tabu de crescerem interiormente e se sentirem separados dos pais. A individuação é um processo gradual pelo qual resolvemos e liberamos a dor dos nossos primeiros relacionamentos. Mas quase todas as pessoas contam que, finalmente, são capazes de amar mais os pais quando alcançam certa distância psicológica com relação a eles e desistem do desejo infantil de que os pais sejam diferentes com relação a elas. Ao mesmo tempo, elas são capazes de amar melhor as pessoas com quem se relacionam no presente, pois conseguem contatá-las através da verdadeira distância da consciência fundamental.

EXERCÍCIO 8 *O Relacionamento a Partir do Núcleo Sutil*

Eis um exercício extraído do Trabalho com o Eu Sutil que irá ajudá-lo a sentir o relacionamento com as outras pessoas a partir do núcleo vertical do seu corpo.

Sente-se diante de outra pessoa.

Localize mentalmente o centro de sua própria cabeça, entre os ouvidos, e entre o rosto e a parte de trás da cabeça. Sinta que você vive no centro da sua cabeça. Sinta a qualidade (o que você sente) dentro do centro da sua cabeça. Lembre-se de que você deve ser capaz de sentir a parte inferior do tronco quando estiver no centro da cabeça; caso contrário, estará situado num ponto excessivamente alto da cabeça.

Permanecendo no centro da cabeça, olhe para seu parceiro e conscientize-se do espaço existente entre vocês. Olhe para os olhos do seu parceiro através dessa distância.

Procure conscientizar-se de que, embora exista outra pessoa diante de você, você ainda se sente sozinho dentro da sua cabeça, tão sozinho como se estivesse sozinho numa floresta ou no seu quarto. Sinta a qualidade dentro do centro da sua cabeça enquanto você mantém contato com a pessoa que está à sua frente.

Permanecendo no centro da sua cabeça, descubra mentalmente o centro da cabeça do seu parceiro. *Não deixe o centro da sua cabeça para ir em busca do centro da cabeça do seu parceiro.*

Quando as pessoas acham difícil fazer isso no início, eu fico de pé ao lado delas e faço com que elas achem o centro da minha cabeça, ao mesmo tempo que permanecem no centro da própria cabeça, sem olhar para mim. É mais fácil para quase todas as pessoas fazer isso do que permanecer no centro da própria cabeça tendo alguém diretamente diante delas.

Ache agora o centro do seu coração, no nível do peito, e bem no fundo do núcleo do corpo. Comece sentindo sua ligação particular com o centro do seu coração e o amor que está no seu coração, mesmo quando você está sozinho.

Permanecendo no centro do coração, estabeleça contato visual com seu parceiro através do espaço entre vocês.

Permanecendo no centro do seu coração e mantendo contato visual, localize mentalmente o centro do coração do seu parceiro. Não saia do centro do seu coração para entrar em contato com o seu parceiro, mas entre sutilmente em sintonia com o centro do coração do seu parceiro a partir do seu coração.

Ache agora o centro da sua pélvis, situado alguns centímetros abaixo do umbigo, no núcleo vertical do seu corpo.

Sinta sua ligação particular com o seu centro pélvico.

Permanecendo no centro pélvico, estabeleça contato visual com seu parceiro, ainda consciente do espaço que existe entre vocês.

Permanecendo no centro pélvico, localize mentalmente o centro pélvico do seu parceiro.

Quando encontramos o núcleo de outra pessoa a partir do nosso, ocorre uma inconfundível sensação de contato entre nós. Esse contato confere a impressão de uma perfeita ressonância, pois no fundo somos todos o mesmo "Eu". Essa é a nossa verdadeira unidade na dimensão da consciência fundamental. Certa mulher comparou essa experiência ao "zumbido" que ela ouvia quando cantava junto com alguém e seu tom era exatamente igual ao tom da outra pessoa. Podemos sentir essa ressonância em relação a uma outra pessoa por meio do núcleo do nosso corpo.

Esse contato de núcleo para núcleo também encerra um intercâmbio automático de energia entre as pessoas, intercâmbio que pode ser sentido, ou visto, por um observador sensível. No nível do centro da cabeça, essa troca se revela como clareza ou inteligência. No nível do coração, existe uma troca de amor. Quase todas as pessoas ficam surpresas ao descobrir que, quando voltam ao próprio núcleo, sentem uma troca espontânea de amor com outras pessoas. Estamos particularmente acostumados a sair do corpo e do nosso eu tanto para expressar amor quanto para assegurar à outra pessoa que a amamos. Mas, na verdade, essa separação com relação ao nosso núcleo diminui nossa capacidade de amar por nos separar da fonte do nosso amor. No nível do centro pélvico, a troca tem a qualidade de poder, de calor animal e de sensualidade. A troca espontânea de sensualidade faz parte da nossa ligação normal com todas as pessoas, independentemente do sexo, bem como com todas as formas de vida.

Quando trabalho com casais, faço com que eles entrem em sintonia um com o outro dessa maneira, a partir dos sete chakras (do sistema da ioga hindu), junto com o núcleo vertical do corpo. Isso aprofunda o contato deles um com o outro, e também ajuda a curar desequilíbrios existentes no relacionamento, como lutas pelo poder e submissão, ou ligados ao fato de dar ou de obter amor. Um desequilíbrio muito comum nos relacionamentos íntimos é quando um parceiro se concentra demais no outro (popularmente, isso é chamado de "co-dependência"), enquanto o outro recua. Quando o casal se relaciona entre si a partir do núcleo vertical do corpo, a comunicação, o carinho, a energia e o intercâmbio sexual ficam mais equilibrados.

Até mesmo no contato sexual, a fusão que ocorre entre indivíduos espiritualmente amadurecidos não erradica o domínio de si mesmo. Nós nos unimos ao nosso parceiro sexual na dimensão da consciência fundamental, e nossos sistemas de energia se interpenetram e se combinam um com o outro. Nosso contato é mais forte e liberador quando permanecemos no núcleo vertical do nosso corpo. Nesse tipo de contato, os centros dos dois parceiros são estimulados e abertos. Dessa maneira, a sexualidade, ou qualquer troca com outra pessoa, pode concorrer para o crescimento pessoal e espiritual. Quando os parceiros praticam sistematicamente esse contato de núcleo para núcleo, a intimidade se torna um caminho espiritual extremamente eficaz.

O exercício que acabo de descrever também é uma excelente ferramenta de diagnóstico, bem como de tratamento, para muitos problemas psicológicos, pois ele envolve a habilidade da pessoa em estabelecer contato consigo mesma e com o seu ambiente. Qualquer mágoa resultante na interação da pessoa com o ambiente desde o nascimento estará refletida nas limitações de sua habilidade de se relacionar de núcleo para núcleo, através da verdadeira distância entre ela e as outras pessoas.

Isso é ilustrado pelo caso de um homem que veio se tratar comigo porque sentia uma enorme solidão, mas parecia incapaz de desenvolver um relacionamento duradouro com uma mulher. Ele chamava a si mesmo de homem das mulheres, indo de uma mulher para outra, sem jamais encontrar alguém com quem desejasse assumir um compromisso. Quando ele fez esse exercício, foi capaz de se relacionar relativamente bem comigo, a partir do centro da sua cabeça para a minha, e muito bem a partir do centro do coração. Mas não conseguiu se relacionar comigo a partir do núcleo do seu centro pélvico. Ele só conseguia ter acesso ao próprio corpo à frente do centro pélvico, seu foco não conseguia penetrar no núcleo do seu corpo no nível da pélvis. Como ele não conseguia ter acesso ao centro da pélvis, o espaço entre nós nesse nível parecia menor, como se ele estivesse amarrado a mim por uma corda curta. Embora ele fosse um homem maduro e bem-sucedido, quando tentava entrar em contato comigo a partir dessa área, parecia um menino. Ele tinha a expressão de uma criança indefesa e dependente. Pouco a pouco, ele foi capaz de sentir essa expressão em si mesmo e de se lembrar que se sentia dessa maneira com relação à mãe. Tão logo ele começou a penetrar em direção ao núcleo vertical da sua pélvis, ele conseguiu sentir novamente as múltiplas emoções conflituosas presentes no seu relacionamento com a mãe. Ele sentiu raiva, culpa e a profunda pena que tivera dela quando criança, e que o mantinha preso a ela. Ao libertar-se (penetrar através) da prisão no seu corpo que havia mantido essas emoções ocultas dele por tanto tempo, ele foi capaz de entrar em contato com o núcleo da sua pélvis e de se relacionar com as mulheres a partir de uma distância prudente, e também de sentir uma verdadeira intimidade com elas.

Quando as pessoas são capazes de sentir efetivamente que podem entrar em contato com o mundo a partir do próprio núcleo, elas se sentem menos suscetíveis à rejeição e ao abandono. Elas têm a profunda sensação de que existem e continuarão a existir mesmo que a pessoa que lhes proporciona amor e reconhecimento não esteja mais presente. Praticamente, todos nós tivemos de negociar uma economia de amor e uma autonomia na interação com nossos pais. Sentir, portanto, simultaneamente, o domínio de si mesmo e a intimidade é um avanço significativo para todas as pessoas com quem já trabalhei. Muitas pessoas também disseram que nesse novo nível de segurança e equilíbrio em sua ligação com as outras pessoas, elas são capazes de sentir um apreço e um respeito pela vida humana que anteriormente haviam sentido pela vida animal e vegetal.

Compreender a natureza espacial do crescimento pessoal nos confere uma nova maneira de perceber e curar as questões de limites e a dissociação com relação a nós mesmos que todos sofremos, até certo ponto, no nosso relacionamento defensivo com a vida. Até mesmo pessoas com problemas esquizóides, limítrofes e narcisistas mais graves, que se defenderam imaginando que o mundo é todo-eu ou todo-outro, podem aprender a incorporar a distância e a intimidade quando percebem o mundo a partir do núcleo vertical do corpo. Os psicoterapeutas e os mestres espirituais precisam ser capazes de reconhecer o deslocamento da consciência da periferia do corpo para suas profundezas e núcleo, deslocamento este que reflete a mudança da perspectiva da confusão e projeção para a da individuação e sentido de conexão.

Precisamos também ser capazes de ajudar as pessoas a lidar com os inúmeros tabus, familiares e culturais, contrários ao prosseguimento do trajeto interior rumo à percepção da consciência fundamental. Mesmo quando não estamos mais em contato com nossos pais, a antiga ameaça de castigo por causa da separação ainda está ativa na nossa mentalidade ligada à infância. E o castigo que imaginamos é terrível — a separação, a cessação do amor, a perda do sentimento de pertencer a algo. Quase tão forte é o medo de nos separar das outras pessoas se nos afastarmos das crenças, comportamentos e metas estáticas do nosso meio social. É preciso coragem para transferir nossa lealdade das tábuas de pedra da tradição para o nosso julgamento pessoal, que surge espontaneamente na dimensão da consciência fundamental. E é preciso coragem para avançar num caminho que é totalmente invisível para a maioria das pessoas.

Freqüentemente, passamos por uma fase de dolorosa solidão quando nos separamos da nossa família de origem e das imagens padronizadas da nossa sociedade. Essa fase está expressa na filosofia do existencialismo, na qual a pessoa é vista como o único ponto de referência. Mas a solidão é tão ilusória quanto o apego. Não estamos sozinhos. Existimos num campo unificado, com todos os outros seres vivos. O paradoxo é que, quanto mais percebemos nossa existência individual, mais sentimos que estamos inextricavelmente ligados à totalidade da vida. Podemos nos relacionar com a nossa comunidade como pessoas interessadas e (relativamente) livres, com a vontade e a visão de trabalhar pela mudança, bem como com o desapego de viver, sem limites defensivos, no meio da confusão do mundo.

O DESAPEGO

À medida que saímos do espaço reduzido da nossa prisão psicológica e avançamos em direção ao espaço expandido e unificado da consciência fundamental, começamos a sentir o desapego. O ensinamento do desapego tem sido confundido com o ensinamento da abnegação. Desapego não significa falta de receptividade, interesse ou paixão. O fato de nos libertarmos das projeções e defesas do passado significa que passamos a ter mais disponibilidade para a experiência atual, mais profundidade e resistência em todos os aspectos do nosso ser. Somos capazes de ficar sozinhos com o nosso eu, sozinhos no nosso corpo, e também sozinhos com os outros, sem lembrar as vozes dos nossos primeiros relacionamentos.

Pouco a pouco, descobrimos que podemos eliminar nossa programação voltada para satisfazer as antigas necessidades e recompensar ou vingar nossas antigas mágoas. Sentimos menos necessidade de que as pessoas ajam de uma determinada maneira com relação a nós, ou de manipular nossas circunstâncias, pela negação, pela agressão, pela autolimitação ou sendo esquivos. Somos mais capazes de deixar a vida se manifestar, sem ansiedade a respeito do resultado dos acontecimentos. O verdadeiro significado do desapego é essa capacidade de deixar que nós e os outros sejamos simplesmente quem somos, de deixar cada momento da vida — tanto nossas percepções, quanto nossas reações — desabrochar espontaneamente.

Há alguns meses, assisti a uma palestra de um mestre budista tibetano que vinha de Ladakh. Um mestre budista que mora aqui, nos Estados Unidos, estava fazendo a tradução para ele, de modo que eles estavam sentados bem perto um do outro no palco. Eu estava impressionada com o relacionamento entre eles, mas levei algum tempo para perceber o que parecia tão fora do comum para mim. Embora parecesse que não havia uma amizade íntima entre eles, também não havia um estado de defesa. Eles pareciam estar recebendo completamente um ao outro, sem a costumeira cautela e sem nenhum indício de estarem recuando mutuamente ou se opondo um ao outro. Eles não estavam tentando, de nenhuma maneira, controlar um ao outro, a si mesmos ou o público presente. Eles não só pareciam estar livres da estratégia comercial, ou da necessidade de nos manter entretidos para que voltássemos em busca de mais informações, como também davam a impressão de serem desprovidos de regras predeterminadas de comportamento. Embora a cultura tibetana seja, de muitas maneiras, mais formal do que a nossa, mais envolvida com o protocolo e a hierarquia, esses dois mestres espirituais pareciam não ter medo de cometer nenhuma gafe social, e nem estar preocupados com o fato de que o auditório pudesse preferir um ao outro. Eles não estavam nos observando ou se apresentando a nós, parecendo completamente à vontade e abertos à nossa avaliação. A liberdade deles conferiu ao público a liberdade de reagir de uma maneira sincera e espontânea.

O desapego é a experiência de que a consciência fundamental permeia o nosso eu e o nosso ambiente, e de que tudo o que acontece no nosso eu e no nosso ambiente ocorre sem perturbar a harmonia com a infinita imobilidade dessa dimensão. Mesmo que sejamos profundamente tocados por alguma coisa, esse movimento ocorre como um padrão transitório de vibração no espaço vasto, vazio e ininterrupto da consciência fundamental.

Assim, desapego não significa de modo nenhum nos tornarmos zumbis, alheios à riqueza emocional da vida humana. O desapego é a experiência plena e direta da vida ao mesmo tempo que vivenciamos a base imutável que permeia nossa vida. Assim como podemos ouvir mais claramente a música quando estamos em silêncio, a interação dinâmica entre a nossa receptividade e reação à vida é experimentada mais claramente na imobilidade da consciência fundamental. Embora sem agir na presença de todas as nossas reações, pois nossa capacidade de julgamento também funciona livremente, sentiremos toda a amplitude e profundidade das nossas sensações, emoções, cognições e percepções sem interferência ou distorção.

Existe uma história zen a esse respeito sobre um importante mestre zen cuja mulher acabara de morrer. Um dos discípulos do mestre fica alarmado ao encontrar seu grande mestre, de quem ele havia recebido tantos ensinamentos inspiradores sobre a impermanência da vida, soluçando no jardim. "Por que o senhor está chorando?", perguntou o discípulo. "Porque estou triste", responde o mestre.

O desapego é, na verdade, a liberdade de chorar nossas perdas, de ficar com raiva dos que nos oprimem e de sentir medo quando somos ameaçados. Provavelmente, é verdade que, se fôssemos completamente iluminados, não sofreríamos nenhuma perda, opressão ou ameaça. Mas durante o longo período do nosso progresso em direção à completa iluminação, nossa percepção da consciência fundamental é parcial. Nessa percepção parcial, continua a existir o sentimento do eu e do outro, ao mesmo tempo que sentimos a unidade do eu e do outro. É muito importante compreender a natureza dessa percepção parcial, porque não podemos progredir no caminho da iluminação se fingirmos que estamos mais adiante do que na verdade estamos, ou ser de algum modo diferentes do que somos num determinado momento. Muitos discípulos espirituais ficam "empacados" tentando agir de uma maneira desapegada, quando o desapego é na verdade uma questão de deixar a vida ser como ela é. Como eu disse, à medida que prosseguimos na nossa percepção da consciência fundamental, nossas reações emocionais pouco a pouco ficam menos ligadas com as projeções da dor da nossa infância e mais relacionadas com as circunstâncias atuais. Embora não nos tornemos menos apaixonados em nossas reações à vida, nossa paixão perde a urgência de receber amor demonstrada pela "criança interior" aprisionada, e se transforma no livre fluxo do nosso amor, da nossa sexualidade e inteligência no relacionamento com a vida que nos cerca.

O desapego requer a confiança de que os eventos irão ocorrer de uma maneira que é básica ou, em última análise, benéfica para todas as pessoas envolvidas. Podemos confiar tanto nas outras pessoas quanto em nós mesmos porque confiamos na consciência subjacente que contém todos nós. Falarei mais a respeito dessa "confiança cósmica" no último capítulo. Aqui, direi que a consciência fundamental é uma inteligência unificada. Ela é a base da natureza interpenetrante dos sonhos e do destino de todas as formas de vida. Se nos rendermos à espontaneidade de nós mesmos e dos outros, se conseguirmos abandonar o medo e deixar a vida acontecer, seremos levados na direção da completa iluminação. O desapego é a sujeição da nossa resistência a esse fluxo natural da vida rumo à iluminação.

EXERCÍCIO 9 *Deixando a Vida Passar Através do Corpo*

9A) Este é um exercício que faço com as pessoas para ajudá-las a sentir a natureza imutável e ininterrupta da consciência fundamental.

Peço à pessoa que comece fazendo o exercício 1 do Capítulo 1: Perceba que você está dentro de todo o seu corpo ao mesmo tempo. Ache mentalmente o espaço fora do seu corpo, o espaço no aposento em que você se encontra. Sinta agora que o espaço dentro e fora do seu corpo é o mesmo espaço contínuo; deixe que ele o permeie. Perceba que o espaço que permeia o seu corpo também permeia as outras pessoas e objetos que se encontram no aposento. Sinta que o espaço que permeia o seu corpo também permeia as paredes do aposento.

Digo então à pessoa que eu tenho uma bola vermelha imaginária, mais ou menos do tamanho de uma ervilha, e que vou lançar delicadamente essa bola através do espaço claro da consciência fundamental que permeia o corpo dela.

Lanço a bola através do espaço sobre o ombro direito da pessoa. A seguir, sobre o ombro esquerdo. Depois, lanço a bola através do lado direito do peito da pessoa. A seguir, através do lado esquerdo do peito. Desse modo, ela pode verificar que até mesmo a substância do corpo é permeável na dimensão da consciência fundamental.

O arremesso da bola não é totalmente imaginário, porque o movimento da minha mão cria uma corrente de energia. Muitas pessoas se retraem ou quebram sutilmente sua harmonia com a consciência fundamental em reação a essa corrente. Este exercício é praticado até que a pessoa possa permanecer na dimensão da consciência fundamental e deixe que a bola passe através do corpo sem recuar ou se fechar.

Este exercício pode ser aplicado à vida cotidiana, possibilitando que as diversas energias do ambiente exterior passem através da nossa harmonia com a consciência fundamental, sem que recuemos, nos encolhamos ou nos fechemos à experiência. Isso nos permite receber e responder plenamente à vida ao mesmo tempo que permanecemos ligados ao nosso ser fundamental. Permite que cada momento seja registrado e passe pelo campo da consciência fundamental, sem distorções. Também possibilita que fiquemos na presença da dor e da confusão de outras pessoas sem nos sentirmos ameaçados ou esmagados.

9B) Em outra versão deste exercício, fico de pé perto da pessoa e crio uma energia emocional no seu campo de consciência fundamental, como raiva ou tristeza, emitindo um som que expresse essa emoção. Isso é praticado até a pessoa conseguir deixar que a corrente emocional passe através da sua harmonia com a consciência fundamental, da mesma maneira como ela permitiu que a bola imaginária passasse através dela, sem recuar ou se fechar. Muitas pessoas deixam que a corrente emocional modifique seu estado emocional — elas sentem a emoção como se fosse delas. Elas deixaram de estar em sintonia com o campo da consciência fundamental que as permeia e me permeia. Elas perderam o contato consigo mesmas e se transformaram em mim. Sentir a minha emoção como se fosse delas é muito diferente de ter uma reação emocional à minha emoção.

Muitas pessoas sensíveis relatam que não sabem dizer, na vida diária, se seu estado emocional é oriundo delas mesmas ou se elas "captaram" esse estado emocional de outros. Essas pessoas ficam tão desorientadas com os múltiplos estados emocionais do ambiente exterior que podem começar a evitar a interação social. Ou então elas se tornam mártires da própria sensibilidade, fazendo do seu coração e do seu corpo uma espécie de arena comunal. Foram desenvolvidas técnicas para as pessoas sensíveis se protegerem das vibrações que as cercam, mas essas técnicas não apenas limitam a nossa abertura à experiência, como também geram a ilusão de que os sentimentos dos outros podem, de alguma maneira, nos prejudicar. A vibração das outras pessoas só pode nos fazer mal se fecharmos nossa consciência a elas. Quando nos tornamos estáveis na nossa percepção da consciência fundamental, podemos sentir a dor de outra pessoa e reagir a ela, mas não iremos sentir a dor da outra pessoa como nossa.

Da mesma maneira que não precisamos ter medo das emoções dos outros, podemos deixar espaço para a total profundidade e movimento da nossa dor na imobilidade imutável da consciência fundamental. Nossa verdadeira natureza nunca pode ser danificada. Podemos, portanto, estar plenamente disponíveis para a experiência; nosso ser essencial irá agüentar e se tornar ainda mais acessível para nós.

CONCLUSÃO

Descrevi neste capítulo a natureza espacial do crescimento pessoal. A individuação é um processo de crescimento interior, em direção ao núcleo vertical do corpo, aprofundando nossa perspectiva, de modo que passamos a nos relacionar com o mundo através de uma crescente distância. À medida que nos separamos do ambiente, alcançamos a união com ele, porque é por meio do núcleo vertical do corpo que entramos em sintonia com a dimensão abrangente, unificada da consciência fundamental. Temos acesso à fonte, e, portanto, à força maior da nossa percepção, do nosso amor e da nossa sensação no núcleo vertical do corpo. Isto significa que nossa unidade com o ambiente exterior está cheia dessas qualidades essenciais do nosso ser.

Também vimos neste capítulo que a consciência fundamental é uma dimensão de libertação, tanto com relação à nossa experiência interior quanto exterior da vida. É importante compreender que não nos transformamos em zumbis insensíveis, incapazes de pensar, e que o mundo exterior não desaparece com esse rompimento. Quanto mais desprendidos nos tornamos, mais plenamente impregnados com a nossa experiência ficamos, e isso torna a vida mais rica, mais profunda e mais interessante.

5

O CORPO DE ESPAÇO LIVRE

A percepção da consciência fundamental exerce um profundo efeito sobre o corpo. Ela produz uma mudança radical tanto na nossa experiência de concretização, quanto na aparência e funcionamento do nosso corpo.

Na qualidade da consciência fundamental, permeamos todo o nosso corpo ao mesmo tempo. Alcançar a completa iluminação é um processo longo e gradual. Eu acho que não podemos estar presentes em todo o nosso corpo enquanto não formos completamente iluminados. À medida que progredimos no caminho da iluminação, obtemos um acesso maior às profundezas do nosso corpo, às células que formam todos os aspectos da nossa anatomia, inclusive os nervos, o sangue e a medula óssea. Pouco a pouco, também invadimos o complexo sistema de canais sutis que ainda não foram mapeados pela ciência ocidental.

Mas mesmo com a nossa percepção inicial da consciência fundamental, sentimos uma mudança, passando de um sentimento fragmentado do corpo para um sentimento de totalidade. No sentimento fragmentado do corpo, podemos estar conscientes do nosso peito, mas não das pernas, por exemplo, ou da cabeça, mas não dos pés, ao mesmo tempo. Como consciência fundamental, sentimos todo o corpo (as partes dele a que temos acesso) ao mesmo tempo. (Em outras palavras, pode haver partes da pélvis, por exemplo, que estejam excessivamente defendidas para serem permeadas pela consciência fundamental, mas ainda assim seremos capazes de incluir o resto da pélvis na experiência do corpo como um todo.) Além disso, na dimensão da consciência fundamental, nós sentimos o nosso corpo a partir de dentro. Em vez de ficarmos conscientes *de* uma parte do corpo, temos a impressão de que o corpo tem consciência de si mesmo.

Na qualidade de consciência fundamental, não sentimos nenhuma diferença, nenhuma lacuna, entre a nossa consciência (o nosso eu) e o nosso corpo. Nosso corpo faz parte da nossa consciência. Temos a impressão de que ele é feito de consciência. E essa consciência é ao mesmo tempo permeável e substancial. Sentimos o nosso corpo como um espaço vazio, e ao mesmo tempo ele parece pleno e flutuante. Existe também uma qualidade no corpo percebido que é a essência da nossa vitalidade. Vi muitas vezes pessoas em busca da palavra certa para descrever essa nova experiência para, finalmente, pronunciar a palavra "humana". Quando permeamos o nosso corpo como de consciência fundamental, nós nos sentimos mais humanos.

Na dimensão da consciência fundamental, o corpo tem as capacidades de recepção e de expressão da consciência. Somos capazes de absorver cada momento através das profundezas do corpo. Sentimos que cada momento ocorre ao mesmo tempo dentro e fora do corpo, sem que haja nenhuma lacuna entre a experiência interior e a exterior. Ao mesmo tempo, o corpo percebido expressa os múltiplos tipos e nuanças da experiência humana, não apenas na voz ou nos olhos, mas através de toda a profundidade de suas partes. Por exemplo, o mestre espiritual indiano Sathya Sai Baba me mostrou certa vez a personificação da paciência. Mesmo sem modificar sua postura, ele de repente começou a emanar, como se por meio de cada célula do seu corpo, a qualidade da paciência.

No fim da jornada rumo à iluminação, o corpo se torna tão permeável quanto a consciência pura. Existem muitos relatos (por exemplo, o de Yogananda na *Autobiografia de um Yogue)* de mestres espirituais que são capazes de atravessar paredes com o corpo ou objetos materiais com a mão. Assim como, no início do trajeto, podemos experimentar nossa mente permeando as paredes de uma sala, o mestre adiantado é capaz de penetrar uma parede com todo o corpo. O físico e o mental se tornaram o mesmo.

Para o observador sensível, o corpo da consciência fundamental parece polido e sem irregularidades, como um seixo repetidamente lavado pela água do mar. Existe nele uma aparência de luminosidade e transparência. A totalidade do corpo torna-o mais harmonioso, e seus movimentos mais fluidos e leves. Nos mestres espirituais adiantados, essas qualidades são extraordinárias e facilmente visíveis. Mas mesmo nas pessoas que acabam de perceber a consciência fundamental essas mudanças podem ser vistas.

Além disso, quando uma pessoa percebe a consciência fundamental, os olhos e todo o corpo parecem mais permeáveis. Podemos contemplar as profundezas de um corpo percebido e ver o movimento de sentimentos e sensações nesse corpo. O corpo mais cheio de defesas parece o mais sem graça. Não apenas os olhos, mas o resto do corpo tem uma qualidade mais opaca — não podemos olhar facilmente dentro deles.

Exatamente a mesma coisa acontece com o toque. Se tocamos um corpo mais cheio de defesas, não temos nenhuma sensação de profundidade debaixo das mãos. Mas se tocarmos um corpo impregnado pela consciência fundamental, podemos sentir ao mesmo tempo todo o interior da pessoa, sem mudar a posição da nossa mão.

A maneira como sentimos o nosso eu também é mais desenxabida num corpo mais cheio de defesas. Não podemos sentir profundamente, e isso faz a vida parecer irreal ou desprovida de sentido. Quando começamos a tomar consciência do nosso eu nesse tipo de corpo, freqüentemente nos sentimos confinados e pouco à vontade. Como a respiração se contrai junto com o resto do corpo, podemos sentir que estamos quase sufocando. À medida que liberamos nossas defesas, nossa experiência de vida se torna mais plena e mais rica. Começamos a nos sentir à vontade e "em casa" no nosso corpo. Na qualidade da consciência fundamental, registramos todas as nossas sensações, emoções, percepções e idéias ao mesmo tempo, em cada momento.

IDÉIAS ERRADAS A RESPEITO DO CORPO E DA ILUMINAÇÃO

Muitas tradições espirituais não dão atenção ao corpo, ou, quando o mencionam, dizem coisas que são facilmente mal interpretadas, como "o corpo desaparece". O que desaparece na iluminação é a experiência da dicotomia entre corpo e consciência. O corpo objetificado "desaparece". Na iluminação, caímos dentro do corpo. Nós nos acomodamos na dimensão do corpo da consciência fundamental.

Quando as tradições espirituais não mencionam o corpo, os discípulos freqüentemente acabam meditando no espaço fora ou acima do corpo. Isso impede que eles tenham acesso ao núcleo vertical do corpo, ou deixa que tenham acesso apenas à extremidade superior do núcleo vertical, o que limita gravemente sua percepção da consciência fundamental. A iluminação ocorre no corpo. Ela é uma transformação do corpo, como qualquer outra coisa.

Outro ensinamento que causa confusão a respeito do corpo é a técnica Vedanta hindu para a obtenção da consciência fundamental. O discípulo do Vedanta aprende a dizer: "Eu não sou o meu corpo, não sou a minha energia, não sou os meus pensamentos." Dessa maneira, ele reconhece que não é nada que ele possa apontar; em vez disso, ele é aquilo que aponta — a base em si, a consciência pura. A iluminação desloca a nossa identidade da superfície muscular do corpo para a dimensão mais sutil da consciência que permeia o corpo, a dimensão pura do ser. Quando a técnica Vedanta é compreendida corretamente, o discípulo irá reconhecer que, embora ele não seja apenas o corpo, ele permeia o corpo.

Trabalhei certa vez com um homem que em outros tempos fora discípulo do Vedanta durante muitos anos. Ele era um cientista talentoso de cerca de 65 anos. Tinha tido um mestre na Índia que havia dito a ele que tudo o que ele precisava fazer era compreender que sua verdadeira identidade era o eu não-dual, que tudo permeia, para ficar completamente iluminado. Esse homem inteligente e sério havia passado os vinte anos anteriores lendo literatura Vedanta e tentando arduamente compreender sua verdadeira identidade. Mas ele não se sentia mais iluminado do que quando tinha começado.

Quando comecei a trabalhar com ele, logo percebi que ele tinha grande dificuldade para respirar. Seu peito estava constrito devido a mágoas retidas e todo o seu corpo se movia para cima e para baixo quando ele respirava. Ele precisou fazer um enorme esforço para entrar em contato com o espaço interior do seu corpo e permanecer consciente desse espaço interior, ao mesmo tempo que permanecia consciente da sala ao seu redor. Embora ele soubesse exatamente o que o Vedanta dizia a respeito do verdadeiro Eu, ele estava distante da experiência sutil da não-dualidade. Temos de, efetivamente, soltar o corpo além da mente para viver no espaço claro da consciência fundamental. Esta não é apenas uma questão de entendimento — ela precisa envolver a sintonia com o eu e a liberação no corpo de austeridades defensivas que bloqueiam a sintonia com o eu.

Outra concepção errada é a noção popular, defendida por algumas escolas de psicoterapia ocidentais, de que precisamos "sair da cabeça e entrar no corpo". Essa frase bastante usada implica que a função da cabeça é apenas produzir abstrações e conceitos que nos impedem de viver a vida diretamente. A palavra "cabeça" é usada para descrever a ideação mental estática. Esse ensinamento leva as pessoas a se manterem imóveis ou a "obscurecer" suas faculdades mentais ou a se esforçar para viver em todo o corpo menos na cabeça. Essa eliminação da cabeça da nossa experiência do eu aumenta a nossa fragmentação.

É decisivo para o nosso crescimento pessoal que ocupemos nossa cabeça e todo o nosso corpo. O corpo da consciência fundamental é um corpo destituído de atitudes e crenças estáticas; é o corpo do verdadeiro eu. Mas o verdadeiro eu tem uma cabeça. Na qualidade de consciência fundamental, ainda somos capazes de reconhecer, de contemplar e de compreender nossa experiência. Assim como somos capazes de sentir mais profundamente na dimensão da consciência fundamental, também somos capazes de pensar com mais clareza. O aspecto da consciência com o qual entramos em sintonia através do terço superior do núcleo vertical do corpo é um aspecto essencial da consciência fundamental, junto com os aspectos da emoção e da sensação física.

A TRANSFORMAÇÃO DO CORPO — OS SENTIDOS

O corpo é o instrumento da nossa percepção. À medida que ele vai se tornando mais sutil, nossa percepção também se torna mais sutil. Da mesma maneira que percebemos a nossa forma como sendo feita de consciência, percebemos que as outras formas no nosso ambiente também são feitas de consciência. Vemos que a transparência e a permeabilidade do nosso ser são igualmente verdadeiras na vida e nos objetos que nos rodeiam.

A iluminação é, portanto, um aprimoramento dos nossos sentidos. É um ver através, e um ouvir, cheirar e tocar através da vida — ou seja, através das dimensões da matéria física, da energia e da consciência. Somos capazes de ver a energia no ambiente como movimento, radiância e cor; ouvi-la como um zunido sutil; e tocá-la como uma vibração, como vitalidade. Percebemos a consciência fundamental no ambiente exterior como um espaço vazio, que tudo permeia. E percebemos simultaneamente essas três dimensões: a matéria física, a energia e a consciência.

Quando percebemos a consciência fundamental, sentimos que

em vez de cinco sentidos separados, temos agora um órgão unificado de percepção. Na qualidade da consciência fundamental, refletimos simultaneamente todos os estímulos sensoriais. Não temos de olhar para ver, nem de escutar para ouvir. O espaço claro da consciência fundamental permeia todos os nossos órgãos sensoriais. Todas as cenas, sons, sabores, odores e texturas de cada momento ocorrem ao mesmo tempo, sem nenhum esforço da nossa parte.

Uma constrição defensiva em qualquer parte do corpo diminui a nossa percepção da consciência fundamental e limita a sutileza da nossa percepção em geral. Mas muitas das nossas defesas são constrições diretas dos sentidos. Quando crianças, vendamos particularmente os órgãos da percepção para minimizar a experiência que temos das circunstâncias dolorosas. Podemos, por exemplo, vendar os órgãos da visão para não ver o olhar zangado no rosto do pai ou da mãe. Ou podemos obstruir os órgãos da audição para não ouvir o tom doloroso na voz de nossos pais. Além disso, muitas crianças são desencorajadas a usar os órgãos dos sentidos por adultos que se sentem ansiosos ou envergonhados quando são claramente percebidos ou por adultos que negam algum aspecto da realidade, como um problema de alcoolismo ou um problema no casamento, desestimulam os filhos a usar plenamente os sentidos. A criança recebe então a mensagem, direta ou indiretamente, de que sua percepção é imprecisa. Eles podem até fazê-la compreender que sua percepção é potencialmente prejudicial para o bem-estar da família. A criança então limita sua percepção para se ajustar à versão da realidade do adulto.

Quando liberamos nossas defesas, nossos sentidos ficam mais claros. Começamos a perceber um mundo mais vívido. Também nos tornamos mais sensíveis ao equilíbrio ou à harmonia no mundo. Como nossa percepção está funcionando de uma maneira mais global, permeando e refletindo todos os estímulos sensoriais no campo de ação da consciência, em cada momento, nós nos harmonizamos mais com o relacionamento entre os estímulos sensoriais. Por exemplo, ouvimos os sons dos pássaros cantando ao mesmo tempo e dentro do mesmo espaço da consciência, como ouvimos o som do riso dos nossos vizinhos, o som distante da máquina de cortar grama e o som de passos próximos numa estrada de cascalho. Penetramos na esfera de intervalos e contrapontos do artista. Como o artista, percebemos a unidade e a totalidade subjacente das várias formas, tons, timbres e texturas de cada momento.

Nossos sentidos também refletem a fragmentação da nossa consciência e os pontos do corpo onde estamos abertos ou na defensiva. Por exemplo, se vivemos basicamente na parte superior do corpo, na dimensão da consciência, iremos enxergar basicamente com a parte superior dos olhos. As pessoas que são desenvolvidas intelectualmente, mas não emocional ou sensualmente, terão esse tipo de fragmentação visual. Isso limita a impressão visual recebida. Quando enxergamos com a parte superior dos olhos, não somos sensíveis à profundidade emocional ou à textura sensual dos objetos ou das pessoas que vemos. Quando vivemos basicamente na parte de baixo do corpo, na dimensão da sensação física, enxergamos basicamente com a parte inferior dos olhos. Quando vivemos essencialmente na dimensão emocional, enxergamos basicamente através de uma faixa estreita no meio dos olhos. Quando percebemos a consciência fundamental, enxergamos com todo o corpo e com toda a mente. Só podemos ver toda a imagem quando enxergamos com a totalidade dos olhos. O mesmo é verdadeiro com relação aos outros sentidos.

EXERCÍCIO 10 *Como Enxergar com a Totalidade dos Olhos*

Olhe para um objeto à sua frente.
Procure vê-lo apenas com a parte superior dos olhos.
Procure vê-lo apenas com a parte média dos olhos.
Procure vê-lo apenas com a parte inferior dos olhos.
Note como a posição dos olhos muda a maneira como você

percebe o objeto. Note também como o deslocamento na posição dos olhos muda o local em que você se sente dentro do corpo.

Sinta agora que você está simultaneamente dentro de todo o corpo. Perceba o objeto com a totalidade dos olhos. Sinta que você está vendo o objeto com todo o corpo e com toda a mente.

Você também pode observar o posicionamento visual das pessoas ao seu redor. A parte dos olhos através da qual elas enxergam lhe dirá a parte do corpo onde elas mais sentem a si mesmas. Freqüentemente, quando duas pessoas têm dificuldade para estabelecer contato, elas estão olhando uma para a outra a partir de partes diferentes dos olhos — elas literalmente não se vêem "olho no olho".

EXERCÍCIO 11 *O Toque com a Totalidade do Eu*

Nossa fragmentação ou totalidade afeta todos os nossos sentidos. Podemos ver, ouvir, tocar, cheirar e saborear com todo o corpo e com toda a mente. O exercício seguinte irá ajudá-lo a experimentar isso no sentido do tato.

Ponha a mão na superfície de um objeto ou pessoa.
Toque-o apenas com a dimensão da percepção.
Toque-o com a dimensão emocional.
Toque-o com a dimensão da sensação física.
Toque-o agora, simultaneamente, com todas as dimensões, com todo o seu ser.

Para a maioria das pessoas, tocar ou ser tocado assim completamente é uma experiência nova e gratificante.

A ENERGIA

A energia é o aspecto dinâmico do nosso ser, deslocando-se pela vasta imobilidade da consciência fundamental. Nosso sistema de energia é um complexo sistema circulatório de vibrações que variam de densas a sutis. Quando percebemos a consciência fundamental, esse fluxo energético é capaz de se mover mais livremente através do nosso organismo.

As diferentes sutilezas da energia estão associadas a diversas funções. Existe, por exemplo, uma energia associada ao funcionamento dos órgãos e de outras funções fisiológicas, como descrevem a medicina chinesa e japonesa. Existe uma energia associada ao descarregar das emoções, discutida por Wilhelm Reich e seus discípulos, como Alexander Lowen e John Pierrakos. Quando temos acesso ao núcleo vertical do corpo, sentimos nossa energia mais sutil e poderosa, denominada *kundalini* na ioga hindu. Nossa energia está em constante mudança em reação aos estímulos, à nossa disposição de ânimo, saúde e atividade. Esse movimento ocorre na imobilidade da consciência fundamental, sem jamais alterá-la ou perturbá-la.

A RESPIRAÇÃO

Quando percebemos a consciência fundamental, sentimos uma profunda mudança na maneira como respiramos. Nossa respiração se aprimora, fica mais suave e tranqüila, com uma qualidade elétrica sutil. Temos a impressão de que a respiração é metade respiração, metade mente. Também sentimos que a respiração atinge todos os lugares do nosso corpo, que ela alimenta todas as nossas células.

Outra mudança que ocorre quando começamos a ocupar plenamente o nosso corpo é que inspiramos e espiramos pelo centro das narinas. Quando vivemos basicamente no terço superior do corpo, na dimensão da percepção, inspiramos excessivamente perto da ponta do nariz. Quando vivemos basicamente no terço inferior do corpo, na dimensão da sensação, inspiramos perto demais do lábio superior. Se você passar um momento observando a sua respiração, você verá que a parte da narina através da qual você respira está relacionada com a parte do corpo onde você está. Você poderá descubrir ainda que inspirar e espirar pelo centro das narinas torna a respiração muito mais fácil.

EXERCÍCIO 12 *Para Aprimorar a Respiração*

O exercício a seguir destina-se a tornar a respiração mais fácil e mais sutil.

Ache mentalmente o centro da sua cabeça. Repito; o centro da cabeça está entre os ouvidos e entre o rosto e a parte posterior da cabeça.

Inspire através do centro da abertura de cada narina. Leve a respiração até o centro da cabeça ao inalar, e depois exale pelo centro das narinas. A respiração deve ser sutil e silenciosa — metade respiração, metade mente — para que possa penetrar através da cabeça, em direção ao centro.

A seguir, inspire pelo centro das narinas, leve a respiração para o centro da cabeça, desça pela garganta e entre nos pulmões, enchendo-os de ar. Ao exalar, leve a respiração de volta ao centro da cabeça e das narinas.

O mais importante neste exercício é que a respiração passa pelo centro da cabeça, tanto na inspiração quanto na espiração. Quando a respiração passa pelo centro da cabeça, ela se sutiliza, incorporando-se à nossa energia mais sutil no núcleo vertical do corpo. Nessa condição de aprimoramento, ela consegue chegar a todos os lugares do corpo. Quando você se exercitar, procure fazer com que a respiração seja suave e não exija esforço.

A respiração é uma das pontes mais óbvias entre a experiência interior e a exterior. Toda preocupação com a defesa do corpo diminui nossa capacidade de respirar livre e facilmente. Nem a consciência nem a respiração têm acesso às partes rígidas e defensivas do corpo. Além disso, exatamente como acontece com os sentidos, quase todos defendemos diretamente a respiração para não sentir nossa dor ou assimilar as emoções dolorosas do nosso ambiente na infância.

Alguma persuasão pode fazer-se necessária para nos convencermos, como adultos, a respirar o ar que existe no nosso ambiente atual. Mas só podemos estar presentes em nós mesmos quando respiramos o ar que existe aqui, neste momento. Esse processo de vir para o presente com a respiração é um importante componente do crescimento pessoal. Ele faz parte do aprendizado para nos sentirmos seguros, para nos abrirmos e sentirmos diretamente a nossa unidade com o ambiente que nos cerca.

Quando começamos a ocupar o núcleo vertical do corpo e também a dimensão da consciência fundamental, sentimos que nossa respiração efetivamente se inicia em todo o núcleo vertical, em vez de nas narinas. Existe a sensação de que o nosso alento e a nossa consciência estão respirando juntos no núcleo vertical do corpo. Isso se deve ao fato de que o nosso alento ficou tão sutil que se incorporou à nossa energia mais sutil, que é a interface entre a consciência e a energia. Essa respiração sutil tem uma qualidade mental — é como se a nossa mente estivesse respirando no núcleo vertical do corpo. Para sermos capazes de viver o tempo todo na dimensão da consciência fundamental, precisamos respirar com o núcleo vertical do corpo. O exercício 3 do Capítulo 2 ajudará você a iniciar a respiração a partir do núcleo vertical do corpo.

A FALA

Muitas pessoas me contaram que sentem extrema dificuldade em permanecer na dimensão da consciência fundamental quando estão falando. A ansiedade que muitas pessoas sentem com relação à expressão verbal cria na garganta, quando elas se preparam para falar, uma contração automática de defesa que bloqueia a harmonização com a consciência fundamental. Podemos permanecer em sintonia com a consciência fundamental enquanto falamos, habitando conscientemente o pescoço, o mecanismo vocal e o canal sutil no núcleo vertical do pescoço. A voz fica mais autêntica e expressiva quando ocupamos nossa anatomia vocal, tornando mais fácil verbalizar nossos verdadeiros pensamentos e sentimentos. Também nos sentimos mais seguros quando ocupamos o corpo porque temos um profundo sentimento da nossa substância. É menos provável que sintamos a necessidade de defender nossa voz se sentirmos a substância e a qualidade do nosso ser enquanto estamos falando ou prestes a falar.

As duas defesas mais comuns quando nos preparamos para falar são contrair o pescoço na parte inferior, em direção ao peito, e deslocar a consciência para cima, a partir do pescoço, em direção à cabeça. É útil, em ambos os casos, ocupar conscientemente a parte superior do peito, bem como o pescoço. Se sentirmos que estamos "concentrados no coração" enquanto falamos, isso impede que saltemos para a cabeça, obstruindo o fluxo da respiração do pulmão para a laringe.

GRAVIDADE E EQUILÍBRIO

Outra importante mudança que ocorre no corpo quando percebemos a consciência fundamental é no nosso relacionamento com a gravidade. A gravidade é um componente essencial do processo espontâneo de crescimento pessoal. Neste capítulo, vou descrever como a mudança no nosso relacionamento com a gravidade afeta o corpo. No próximo capítulo, discutirei essa mudança sob o aspecto do nosso relacionamento com o cosmo.

Antes de perceber a consciência fundamental, sentimos o corpo como uma massa sólida de matéria física, rigidamente separada do ambiente exterior. Por conseguinte, sentimos a gravidade como uma força extrínseca ao nosso corpo, que nos puxa em direção ao solo, enquanto lutamos para permanecer eretos. Essa luta contra a gravidade resulta em músculos cronicamente tensos, que limitam o movimento e causam dor e exaustão.

A gravidade faz parte do nosso sistema de energia, assim como faz parte da energia ou movimento do universo. Quando sentimos o nosso eu e o nosso corpo como consciência fundamental, em vez de como solidez material, somos capazes de sentir que o movimento da gravidade passa através do nosso corpo e do nosso ser, através do espaço claro e aberto da consciência fundamental. Esse movimento ocorre tanto dentro quanto fora do corpo individual. Ele faz parte da nossa unidade com o ambiente que nos cerca e com o cosmo.

Nossa abertura ao movimento da gravidade determina o nosso grau de equilíbrio. Na medida em que não estamos abertos (estamos na defensiva), a gravidade não será capaz de penetrar igualmente no nosso corpo, e ficaremos desequilibrados. Toda a vida fica até certo ponto desequilibrada. Quando nos abrimos à vida, a gravidade se desloca através das profundezas do corpo, assentando todo o nosso ser no solo, de uma maneira equilibrada. Isto é o mesmo que dizer que somos capazes de relaxar. Somos capazes de soltar nosso corpo, nossa energia e mente e nos abrir profunda e uniformemente ao movimento da gravidade através do nosso ser. Quando ficamos mais equilibrados, começamos a sentir nossa continuidade com a Terra, na dimensão da consciência fundamental. Sentimos que a consciência fundamental permeia o nosso corpo e a Terra sem nenhuma lacuna. Assim, o equilíbrio nos conduz à nossa unidade com o planeta.

Uma coisa interessante acontece quando acomodamos nosso peso em direção ao chão. Não apenas sentimos a corrente descendente da gravidade, como também uma corrente ascendente que vem do chão e se ergue através das profundezas do corpo. Essa corrente ascendente torna o corpo leve e flutuante. Ela nos sustenta. Não precisamos na verdade lutar para permanecer eretos. Quanto mais nos acomodamos no solo, mais relaxados e abertos ficamos, mais sentimos esse acompanhamento ascendente da força da gravidade. Eu chamo essa corrente ascendente de movimento ascendente da gravidade, porque ele ocorre como um resultado direto da nossa acomodação descendente.

A gravidade faz parte do nosso processo espontâneo de percepção. Com o tempo, as correntes descendente a ascendente se aprofundam no nosso corpo, penetrando e despertando finalmente a consciência no núcleo vertical do corpo. À medida que o movimento da gravidade se aprofunda em direção ao núcleo, ele penetra e abre os tecidos aprisionados no corpo, liberando para a consciência nossas memórias e emoções reprimidas. Desse modo, a gravidade é, pelo menos em parte, responsável pelo surgimento espontâneo do material reprimido, observado na psicoterapia, nos sonhos e por outros meios que irei descrever no próximo capítulo.

Tão logo começamos a perceber a consciência fundamental, podemos observar e sentir esse aprofundamento do movimento da gravidade no nosso corpo. O desafio é deixar que esse movimento aconteça, sem interferir nele. Nosso crescimento depende de deixarmos de nos agarrar defensivamente ao nosso eu. Nós crescemos quando nos sujeitamos à gravidade.

EXERCÍCIO 13 *Sinta a Gravidade*

Este exercício se destina a ajudá-lo a sentir o movimento ascendente da gravidade no corpo. Essa corrente é extremamente sutil e senti-la pode exigir de você alguma prática.

Fique de pé, sem sapatos, numa superfície horizontal.

Sinta que você está simultaneamente dentro de todo o corpo, inclusive dos pés.

Sinta que não existe separação entre você e o chão. Sinta que você e o chão são contínuos.

Ache mentalmente os respectivos centros de cada sola do pé.

Equilibre sua percepção nesses dois pontos — encontre-os exatamente ao mesmo tempo.

Abra esses centros à corrente que ascende do chão. Essa corrente sobe através da totalidade do seu pé, mas penetra com mais facilidade através dos centros da sola dos pés.

Não force a ascensão da corrente, mas entre sutilmente em sintonia com o movimento espontâneo dela. Deixe que a corrente suba através da parte interna do seu corpo.

O corpo da consciência fundamental é leve e flutuante, em decorrência do movimento ascendente da gravidade. Mas ele também é descontraído e acomodado com relação ao chão, em virtude da força descendente da gravidade. Algumas pessoas se sentem mais baixas ou mais pesadas quando percebem a consciência fundamental porque sentem que estão mais perto do chão. No caso das pessoas cuja consciência tem estado basicamente na parte superior do corpo e na cabeça, essa ligação com o solo no início pode ser incômoda. Essas pessoas precisam aprender que a qualidade "flutuante" que elas tinham em seu posicionamento fragmentado agora irá ascender a partir dos pés e da parte inferior do tronco, e impregnar todo o corpo. Em virtude da corrente ascendente e descendente da gravidade, estamos ao mesmo tempo com os pés no chão e no ar.

O equilíbrio que ocorre quando nos abrimos à gravidade envolve o conteúdo interior e o espectro do nosso ser como um todo. Ficamos mais equilibrados fisicamente, nossa energia circula mais uniformemente, as funções dos dois hemisférios do nosso cérebro se mostram mais equilibradas e integradas e nossa harmonização com a consciência fundamental fica mais simétrica.

EXERCÍCIO 14 Para *Equilibrar a Harmonia com a Consciência Fundamental*

A consciência fundamental está sempre equilibrada. É por isso que ela é imóvel. O exercício que se segue irá ajudá-lo a equilibrar sua harmonia com a dimensão da consciência fundamental. Não é bom tentar manter sua consciência numa posição de equilíbrio. Mas um exercício que envolve o equilíbrio irá ajudá-lo a relaxar e a sintonizar-se de forma mais equilibrada do que antes.

Localize mentalmente o espaço à sua direita.

Localize mentalmente o espaço à sua esquerda.

Localize agora, mentalmente, ao mesmo tempo, o espaço à direita e à esquerda de você.

Localize mentalmente o espaço à sua frente.

Localize mentalmente o espaço atrás de você.

Localize agora mentalmente, ao mesmo tempo, o espaço à sua frente e atrás de você.

Você poderá notar que, quando você equilibra sua harmonia com o espaço, você chega automaticamente ao núcleo vertical do corpo. Estar equilibrado também significa estar centrado.

SAÚDE E CURA

Embora o corpo seja sempre transformado pela nossa percepção da consciência fundamental, não precisamos de um corpo físico perfeito para nos tornarmos iluminados. Um corpo incapacitado ou doente também pode ser permeado pela consciência fundamental. Diz-se também que certos raros mestres espirituais têm sido capazes de manter o corpo intacto durante milhares de anos.

Parece provável que a completa iluminação resulte efetivamente num completo domínio e perfeição do corpo físico se a pessoa o desejar. Mas essa meta encontra-se num futuro extremamente distante. Até mesmo os mais adiantados mestres parecem sucumbir à doença, à velhice e à morte. Podemos ir muito longe, contudo, no caminho de perceber a consciência fundamental num corpo que não é perfeito. Nossas defesas contra a vida têm uma origem mental. Qualquer pessoa pode liberar essas defesas, independentemente do seu estado físico.

Embora a percepção da consciência fundamental não elimine necessariamente uma incapacidade ou uma doença grave, ela oferece maneiras eficazes e sutis de curar o corpo. Os métodos sutis de cura quase sempre demoram mais para surtir efeito do que os da medicina convencional, mas podem às vezes curar o que outras abordagens não conseguem. Os métodos de cura sutil também efetuam uma transformação em todos os níveis do nosso ser, de modo que a doença ou a lesão torna-se um caminho para uma iluminação mais profunda.

Podemos pensar, como o faz a medicina oriental, em todas as doenças e lesões como sendo um reflexo de bloqueios no nosso sistema de energia. Se entrarmos em sintonia com a consciência fundamental na área bloqueada, a energia começará a fluir novamente nesse local. Uma das maneiras de fazer isso é a seguinte:

EXERCÍCIO 15 *A Cura Sutil*

15A) Localize mentalmente o centro da sua cabeça.
A partir do centro da cabeça, ache mentalmente a área do seu corpo que está doente ou machucada. Se existe uma área particular de dor ou entorpecimento, focalize o centro dessa área. Você está descobrindo a área da doença a partir do centro da cabeça, para que possa entrar em sintonia com a dimensão da consciência fundamental nessa área. Este não é um exercício

de visualização. Procure efetivamente se sentir no centro da cabeça e na área da doença.

Mantenha a atenção firmemente concentrada no centro da cabeça e na área da doença, e respire suave e uniformemente pelo nariz.

15B) Outro método de cura sutil usa o equilíbrio. Se você está sentindo dor no lado esquerdo do maxilar, por exemplo, ache mentalmente, ao mesmo tempo, o lado esquerdo e o direito do maxilar — equilibre sua percepção de ambos os lados do maxilar. Como eu disse antes, a consciência fundamental é a dimensão do equilíbrio.

Ambas as partes desse exercício ajudam o contato com a dimensão do nosso ser que está além da nossa doença ou lesão. A consciência fundamental é o nosso eu descontraído. Nessa dimensão não existe tensão e, por conseguinte, nenhuma dor. O fato de entrarmos em contato com a consciência fundamental numa parte específica do corpo exerce um efeito equilibrador (gradual) sobre nossa energia e anatomia física nessa área.

Exceto no caso de uma tensão ou lesão sem gravidade, esse tipo de cura geralmente requer uma prática repetida e sistemática ao longo do tempo para ser eficaz. No caso de uma doença, ela pode e deve ser combinada com métodos de cura mais imediatos. Freqüentemente, ficamos doentes ou nos machucamos exatamente na área do nosso ser que mais precisamos despertar para alcançar a totalidade. Portanto, começar a obter consciência e um fluxo de energia em toda a área doente ou incapacitada é importante para o nosso crescimento pessoal, mesmo quando não somos capazes de aliviar inteiramente nossa condição física.

A CAPACIDADE DE SENTIR

Na nossa cultura, quase todos vivemos mais na parte superior do corpo do que na pélvis ou nas pernas. Nessa consciência fragmentada, podemos sentir alguma percepção e amor, mas não muita sensação física. Por esse motivo, quando muitas pessoas se referem a estar "no corpo", elas na verdade estão se referindo à recuperação da capacidade de sentir. Sem o aspecto da sensação física, não podemos sentir nem a nossa unidade com o universo nem a nossa totalidade dentro do nosso eu.

Nossa capacidade de sentir e a nossa sexualidade são freqüentemente feridas e reprimidas na infância. Qualquer situação que proíba ou limite indevidamente a nossa vitalidade, a nossa sexualidade incipiente ou o nosso vigor irá afetar nosso nível de sensibilidade física, fazendo-nos reprimir o terço inferior do corpo. Tipicamente, os tabus culturais e religiosos contra a sexualidade são transmitidos às crianças por adultos sexualmente reprimidos. Os adultos também costumam abusar sexualmente das crianças, seja de uma forma aberta ou mais sutilmente invasiva, o que as deixa com um trauma e uma defesa profundamente enraizados em sua capacidade de sentir. No momento em que escrevo estas linhas, estamos vivendo um período de reação contra a atenção que tem sido dada a esse assunto nos últimos anos. Mas com base nos meus anos de experiência clínica, acredito firmemente que o problema da negação do abuso sexual ainda supere os problemas da falsa memória e da negligência terapêutica.

A diminuição da sensação física que afeta a tanta gente também é um legado das religiões dos últimos dois mil anos, particularmente no Ocidente, que enfatizavam a natureza transcendente da experiência espiritual, e se concentravam no cultivo do amor e da consciência. Esse enfoque religioso refletia a alienação generalizada da cultura ocidental com relação ao corpo e à natureza, sua ignorância e menosprezo pelos modelos, propósitos e consciência subjacentes na natureza. O aspecto sensação da consciência fundamental é uma qualidade extremamente familiar para as religiões xamanísticas antigas e as que cultuavam deusas, as quais também enfatizavam a imanência do espírito dentro das formas presentes na natureza.

A percepção do aspecto sensação física não apenas cura a nossa fragmentação espiritual como também a cisão que existiu na filosofia espiritual. Quando nos tornamos completos, percebemos que não existe nenhum conflito entre a transcendência e o monoteísmo das religiões masculinas, baseadas num céu e num deus, e a imanência das religiões femininas, politeístas, voltadas para a natureza. A maturidade espiritual é a percepção de uma dimensão que é ao mesmo tempo imanente e transcendente, e que encerra como uma inseparável unidade os aspectos da percepção, do amor e da sensação física.

O MOVIMENTO

A transformação do corpo transforma naturalmente a maneira como nos movimentamos. Em vez de nos movimentarmos somente com a estrutura muscular superficial, sentimos que estamos nos movimentando com toda a profundidade do nosso corpo, com todas as dimensões do nosso ser — matéria física, energia e consciência fundamental. É importante que pratiquemos o movimento através da dimensão da consciência fundamental para que possamos nos movimentar em meio às atividades da nossa vida sem perder a nossa percepção espiritual. Esta não é apenas uma prática em que nos tornamos conscientes dos nossos movimentos, mas também em que nos movimentamos com a mente fundamental.

EXERCÍCIO 16 *Movendo-nos Através da Consciência Fundamental*

16A) Com este exercício, você vai ter acesso à consciência fundamental e se movimentar através dela nos pulsos.

Sente-se numa cadeira ou de pernas cruzadas sobre uma almofada. Descanse as mãos sobre as pernas, com a palma voltada para baixo.

Ache mentalmente o centro da sua cabeça, entre os ouvidos, e entre o rosto e a parte posterior da cabeça.

A partir do centro da cabeça, ache a parte interna dos dois pulsos.

Equilibre sua percepção da parte interna dos pulsos — encontre a parte interna de ambos os pulsos ao mesmo tempo.

Permanecendo no centro da cabeça e na parte interna dos pulsos, erga lentamente as mãos, com a palma voltada para baixo, na direção do peito. Combine a qualidade interna dos pulsos com a qualidade interna do centro da cabeça, enquanto faz o movimento.

Permanecendo dentro do centro da cabeça e dentro dos pulsos, vire lentamente a palma das mãos para cima e leve-as de volta na direção das pernas.

16B) Com este exercício você terá acesso e se movimentará através da consciência fundamental dentro dos seus braços. Você pode fazer o exercício sentado, de pé ou deitado de costas.

Estenda os braços para os lados, perpendicularmente ao tronco.

Sinta que você está dentro das articulações dos ombros, dos braços, dos pulsos e das mãos. Sinta que você ocupa completamente os braços, desde a articulação dos ombros até a ponta dos dedos. Sinta a qualidade do seu eu dentro dos braços, uma qualidade particular que se parece com o seu eu.

Aproxime lentamente as mãos uma da outra, de modo que os braços formem um círculo na frente do peito. Enquanto se movimenta, permaneça dentro do espaço interno das mãos e dos braços, e também dentro do sentido do seu eu. Você deve ter a impressão de que está movimentando célula por célula. Não existem lacunas no movimento. Você sente como se o espaço interno dos braços está se movimentando através do espaço do aposento.

Volte agora os braços ao lado do corpo, permanecendo dentro dos braços e das mãos.

CONCLUSÃO

Estar em sintonia com a consciência fundamental através de todo o corpo significa que encarnamos a essência do nosso ser. Nós sentimos que existe uma forma individual, que ocupamos espaço e que o nosso ser tem substância e profundidade. Na qualidade de consciência fundamental que permeia o corpo, possuímos as qualidades da compreensão, da influência, do amor, do poder e da sexualidade.

Esse autodomínio sempre produz uma mudança na maneira como nos sentimos com relação a nós mesmos. É impossível para nós odiar a nós mesmos, por exemplo, se sentirmos que o amor ocupa naturalmente o nosso corpo. É impossível nos sentirmos esmagados pelo ambiente quando percebemos a energia dentro do corpo. O domínio de si mesmo também afeta a maneira como tratamos o nosso corpo com relação à comida, aos relacionamentos sexuais, ao descanso, ao ar e a outras condições ambientais.

À medida que nossa percepção continua a se aprofundar, somos capazes de ocupar uma parte maior do espaço interior do nosso corpo. Temos a sensação de que nossa forma individual está nascendo. A partir do espaço interior do corpo, somos capazes de entrar em sintonia com o espaço interior do corpo das outras pessoas. Sentimos uma ressonância entre as qualidades essenciais dentro do nosso corpo e as do corpo delas. Começamos a sentir um relacionamento completo do nosso corpo com todas as outras formas de vida que nos cercam.

6

A PESSOA E O COSMO

> Todo o universo tem a mesma origem que o meu próprio eu, e todas as coisas são uma coisa só comigo.
>
> – Seng Chao

Vimos como a consciência fundamental é a base da nossa individualidade como um todo, bem como a base da nossa unidade com as outras pessoas. Ela também é a base de uma experiência ainda mais misteriosa: o nosso sentimento de unidade com o universo. Essa unidade está além do medo, da devoção ou do êxtase que podemos sentir pela grandiosidade e vastidão do firmamento. É um sentimento profundo de que somos contínuos e estamos unidos ao cosmo — que a nossa percepção, o nosso amor e a nossa sensação física são a grande percepção, amor e sensação física do universo.

Muitos ensinamentos espirituais se referem à unidade do indivíduo e do universo. O mestre budista tibetano Namkhai Norbu escreve: "Quando percebemos a nós mesmos, percebemos a natureza essencial do universo. A existência da dualidade é uma ilusão, e quando a ilusão se desfaz, a unidade primordial da nossa natureza e da natureza do universo torna-se real."

Minha perspectiva, como enfatizei ao longo de todo o livro, é que essa ilusão da dualidade não é desfeita, mas completada. Como indivíduos separados, estamos nos completando como um todo discreto, *ao mesmo tempo* que estamos nos tornando (ou percebendo que estamos) inteiramente unificados com o cosmo. Sob um aspecto prático, isso significa que no decorrer da longa duração do nosso crescimento em direção à completa iluminação, a experiência do eu e do outro está na verdade ficando mais clara, mais real. Nossa sensação de relacionamento e diálogo com as outras pessoas, assim como com toda a grande consciência do universo, fica menos velada pela projeção e pela defesa, deixando espaço para um contato maior e uma intimidade maior.

Estamos sempre unidos com o cosmo na dimensão da consciência fundamental, mesmo antes que o percebamos. Muitas pessoas sentiram, por meio de uma prece ou concentração profunda, um sentimento de relacionamento com o cosmo, e têm recebido respostas às suas perguntas e soluções para seus problemas. Mas quando começamos a perceber a consciência fundamental, essa ligação e comunhão tornam-se aspectos que dão continuidade à nossa vida.

Temos um crescente sentimento de amor pelo universo e nos sentimos amados pelo universo. Esta é uma experiência de relacionamento ou dualidade. Porém, ao mesmo tempo, sentimos que o amor que permeia o universo é o mesmo amor que flui a partir do nosso coração. Estamos envolvidos numa troca de amor com o que é fundamentalmente o nosso próprio eu. É isso que eu quero dizer quando me refiro às experiências da dualidade e da unidade que ocorrem e se desenvolvem simultaneamente.

Da mesma maneira, temos mais clara uma sensação de resposta vinda do universo quando nos dirigimos a ele com nossas perguntas e problemas. No entanto, ao mesmo tempo, começamos a descobrir que a sabedoria e a criatividade do universo são a nossa própria sabedoria e criatividade. Invocar o universo (Deus) é exatamente o mesmo que invocar a nossa mente.

A unidade básica da pessoa e do cosmo na dimensão da consciência fundamental cria o fenômeno da sincronicidade. Sincronicidade é a congruência entre o nosso processo psicológico interior e as circunstâncias externas da nossa vida. Podemos precisar, por exemplo, fazer uma pergunta a uma amiga e topar com ela a caminho do trabalho. Ou, em outro nível, podemos estar trabalhando para nos sentirmos menos intimidados pelas outras pessoas, e surgir no trabalho uma situação que exige que enfrentemos o nosso chefe. As pessoas que observam cuidadosamente a vida percebem que esses acontecimentos sincrônicos ocorrem com excessiva freqüência para serem considerados simples coincidências.

A partir da existência da sincronicidade, é evidente que a vida de todos os seres está coordenada no campo unificado da consciência fundamental. Podemos encarar o universo como um sistema no qual todas as partes estão envolvidas num processo de integração (a percepção da unidade) e expansão mútua. No budismo, esse processo é chamado de *pratitya samutpada* — o co-surgimento interdependente de todos os fenômenos. Cada parte desse sistema surge de uma única consciência, de uma única origem, e é impregnado por ela. Podemos encarar cada pessoa como um "subsistema" aberto dentro do sistema maior do universo. O universo e o indivíduo estão mutuamente envolvidos no processo do indivíduo em direção à completa individuação e à total união com o universo.

Vou analisar três maneiras pelas quais o universo está envolvido no nosso caminho para a iluminação — pela estimulação, pela resposta aos nossos desejos e pela gravidade.

A ESTIMULAÇÃO

O bebê nasce com o potencial para a inteligência, o amor, o poder e a sexualidade. Mas sabemos que esse potencial não se desenvolverá sem o amor e a atenção da mãe ou de uma pessoa que cuide do bebê. Um bebê negligenciado sofre deficiências psicológicas e de desenvolvimento, podendo até morrer por falta de carinho. Assim, desde o início da vida, dependemos do ambiente exterior para despertar nossas faculdades mais básicas. Como documenta Daniel N. Stern, crescemos no conhecimento de nós mesmos e na nossa habilidade de nos comunicarmos com as outras pessoas dentro da matriz do relacionamento filho-pai.

A estimulação que o ambiente exerce sobre a criança em desenvolvimento encerra dois componentes. Um deles é a esfera da educação. A criança desenvolve suas faculdades à medida que conhece o mundo que a cerca. Ela imita as outras pessoas e é confrontada por múltiplos desafios que evocam novos níveis de funcionamento e integração. O outro componente é mais sutil, porém tão crucial quanto o anterior para o desenvolvimento da criança. Esse componente pode ser chamado de "transmissão direta", expressão usada para descrever a expansão de consciência que ocorre nos discípulos espirituais, na presença da consciência expandida do mestre; trata-se de um processo de ressonância vibratória. Da mesma maneira, o amor dos pais estimula e aprofunda a capacidade de amar da criança. A percepção dos pais estimula a percepção da criança. E a sensação física dos pais estimula a sensação da criança.

A capacidade que a criança tem de abertura também é transmitida aos pais. Mas a criança impressionável é muito mais formada pelos pais do que o inverso. Como já descrevi, a criança ainda não se individuou, de modo nenhum, em direção ao seu núcleo. Ela se encontra num estado de relativa indiferenciação com relação ao ambiente imediato, o que é muito diferente da unidade da consciência fundamental contactada no núcleo. Embora a criança indefesa ame sem inibições, ela não ama com a intensidade ou profundidade de um adulto. Analogamente, sua capacidade de percepção e sensação, embora livre, ainda se encontra num estado rudimentar.

Assim, como a criança precisa inevitavelmente receber um conhecimento de certo modo distorcido do mundo dos seus pais, relativamente imperfeitos, ela também será desigualmente estimulada pela transmissão dos pais do padrão de abertura e defesa deles. Por exemplo, uma mãe muito carinhosa, mas sexualmente reprimida, será capaz de estimular o amor do filho, mas não a sensibilidade dele. É claro que, além dessa transmissão automática das limitações dos nossos pais, também formamos nossas próprias defesas contra as circunstâncias dolorosas do ambiente. Assim, ao mesmo tempo que despertamos para a vida, também nos fechamos para ela. As partes que fechamos não estarão disponíveis para serem estimuladas pelo ambiente exterior.

À medida que continuamos a amadurecer, outras influências penetram na nossa vida e contribuem para o nosso crescimento. No ambiente mais amplo da escola e de outras atividades, continuamos a aprender a respeito de nós mesmos e do mundo, e continuamos a ser despertados pela percepção, pelo amor e pela sensação da vida à nossa volta.

A percepção, o amor e a sensação que formam a consciência fundamental do universo estimulam e despertam o potencial do nosso ser da mesma maneira como as outras pessoas do ambiente em que vivemos. A grande consciência do universo é como um grande mestre espiritual em cuja presença estamos sempre vivendo. Essa consciência, que permeia toda a criação, nos é transmitida pela natureza e também está sempre presente dentro de nós como nossa dimensão mais sutil de consciência. Durante toda a nossa vida, recebemos constantemente a "transmissão direta" da iluminação, a partir da consciência fundamental do universo.

DESEJO E RESPOSTA

O universo também pode nos amadurecer, proporcionando-nos circunstâncias que liberam e resolvem a nossa dor aprisionada. Existe uma enorme dicotomia no pensamento metafísico em relação ao relacionamento da pessoa com as circunstâncias em que vive. Uma escola nos vê como servos indefesos de uma divindade onipotente e nos aconselha a receber humildemente e com gratidão tudo o que vem até nós. Embora possamos suplicar à divindade que alivie o nosso fardo, espera-se que tenhamos fé de que existe uma completa sabedoria e propósito mesmo nas nossas desventuras, e também se espera que submetamos a nossa pequena vontade à vontade de Deus. Espera-se que recebamos a vida como ela nos é oferecida. A outra escola diz que nós é que criamos as nossas circunstâncias. Mesmo as nossas situações mais dolorosas ocorrem porque nós as desejamos e queremos. E ao nos concentrarmos intensamente numa visualização do futuro que desejamos, podemos criar conscientemente a vida que escolhemos.

Embora essas duas filosofias, aparentemente, pareçam incompatíveis, eu acho que ambas são essencialmente verdadeiras. Os desejos que criam nossas circunstâncias são, em sua maior parte, antigos desejos não-realizados da nossa infância e que estão enterrados, fora do nosso alcance consciente, no nosso corpo. Nossa vontade é submetida ao desabrochar desse conteúdo enterrado à medida que ele cria as circunstâncias necessárias para sua resolução e liberação.

O observador cuidadoso percebe que o conteúdo da nossa dor aprisionada na infância emerge na arena da vida cotidiana, para que as emoções aprisionadas sejam expressas e as necessidades não-realizadas sejam satisfeitas. Por exemplo, trabalhei com uma mulher cujas maiores mágoas da infância eram a morte repentina do pai quando ela tinha sete anos, seguida da morte repentina da mãe quando ela tinha 16 anos. Ela me procurou porque o ataque fatal de coração de seu marido vários anos antes a havia deixado tão abalada que ela ainda era incapaz de funcionar bem no trabalho ou como mãe. A morte dele a havia deixado com o mesmo árido desespero e sensação de suprema impotência que ela havia sentido quando criança, na ocasião da morte dos pais. Para superar essa crise, ela teve de completar o período de luto pelos pais que ela não pudera resolver quando criança por estar muito sozinha e com medo. Ela também teve de desenvolver um autodomínio suficiente para ser capaz de tolerar a perda do amor e do apoio das pessoas de quem mais dependera. Ela teve de reconhecer e expressar as emoções conflituosas de dor e raiva por causa dessa perda, e da culpa que sentia por ter sobrevivido e continuado a viver a sua vida.

Muitos teóricos da psicologia fizeram comentários sobre a correspondência entre a nossa história psicológica e as circunstâncias da nossa vida. Sigmund Freud era fascinado pela nossa tendência de nos surpreendermos revivendo a mesma circunstância dolorosa. Ele chamava esse fenômeno de "compulsão de repetição" e o descrevia como "a manifestação do poder do que está reprimido". Freud baseava a psicanálise na compulsão do cliente de projetar seu relacionamento doloroso com os pais sobre o terapeuta, repetindo assim, ou tentando repetir, as circunstâncias dolorosas da infância no consultório do terapeuta. A Terapia do Processo, de Arnold Mindell, descreve uma noção semelhante. Segundo ele, o cliente "imaginará" o terapeuta, influenciando efetivamente este último a assumir um comportamento semelhante ao que seus pais tinham com relação a ele na infância. Harville Hendrix afirma que escolhemos o nosso parceiro com base nas necessidades não-resolvidas da infância. Ele diz que o que chama de "antigo cérebro" retém nossas lembranças dolorosas da infância e fica atento a um possível parceiro que tenha os mesmos atributos dos nossos pais.

Embora a maioria dos teóricos explique a correspondência entre a dor da infância e as circunstâncias adultas como sendo o resultado de uma atração e escolha subconscientes, fica claro a partir dos detalhes íntimos da vida dos nossos clientes de que tomamos conhecimento ao longo dos anos, que muitas situações não se encaixam nessa categoria. É interessante ler sobre a luta de Freud para permanecer "racional" diante da evidência de suas observações. Ele escreveu o seguinte: "Ficamos mais impressionados com os casos nos quais o sujeito parece ter uma experiência passiva, sobre a qual ele não tem nenhuma influência, mas na qual depara com uma repetição da mesma fatalidade." Na página seguinte, ele apresenta uma contradição um tanto ou quanto qualificada dessa declaração: "Grande parte do que poderia ser descrito como a compulsão do destino parece inteligível numa base racional; de modo que não temos necessidade de invocar uma nova e misteriosa força propulsora para explicá-la."

Freud não parecia encarar a compulsão da repetição como parte de um processo natural de cura, que ocorre na vida, independentemente da intervenção de um terapeuta, e sim como um sintoma de neurose. Mas eu sugiro que ela o é, junto com outras "manifestações do poder do que está reprimido". Muitas pessoas que observam cuidadosamente o seu processo de crescimento relatam que, à medida que elas passam a trabalhar em outra área de si mesmas, surgem acontecimentos que lhes oferecem meios que facilitam esse trabalho. Um exemplo disso é o de uma mulher que trabalhava como massagista e que, quando criança, ouvira repetidamente que ficasse quieta e não perturbasse os adultos com seu "tolo tagarelar". Quando a conheci, ela era muito reprimida e falava praticamente sussurrando. Pouco depois de eu começar a trabalhar com ela, um dos seus clientes não pôde pagar pelas sessões e propôs a ela uma troca. Acontece que ele dava aulas de canto, e sua especialização era curar bloqueios psicológicos à expressão oral. Nessa mesma época, ela estava procurando trabalho como terapeuta de dança, tendo até então alcançado pouco sucesso em sua busca. Quando ela estava para desistir, surgiu uma oportunidade num lar de idosos. Embora não tivesse experiência como musicoterapeuta, o diretor da instituição ofereceu-lhe o emprego. Na qualidade de musicoterapeuta, ela tinha de orientar quase diariamente os residentes do lar de idosos quando estes cantavam. Essa atividade, junto com as aulas de canto que ela estava tendo, ajudou-a a afrouxar a tensão que acumulara na garganta durante tantos anos. Ela foi capaz de se expressar com muito mais facilidade e sua voz se tornou forte e confiante.

Como eu já disse, a inteligência difusa e unificada da consciência fundamental é a base da sincronicidade. Vemos aqui que a sincronicidade faz parte da função de cura do universo. As correspondências entre a experiência interior e a exterior não são aleatórias. Elas refletem a parceria entre o nosso eu fragmentado e incompleto e a inteligência da nossa totalidade num processo natural de desdobramento em direção à unidade total.

O que estou querendo dizer é que o universo responde aos desejos e necessidades da nossa mentalidade infantil enterrados no nosso corpo. O universo também responde aos nossos desejos conscientes, se concentrarmos nossa vontade com suficiente intensidade. Isso explica a eficácia da prece e da visualização. No entanto, nossos desejos conscientes estão freqüentemente em conflito com nossos desejos inconscientes, o que diminui o nosso poder de criação. Parece que o universo continua a responder aos nossos desejos inconscientes até que eles se tornam conscientes e são resolvidos.

Trabalhei com uma mulher cujo maior desejo era se casar. Ela fazia diariamente uma prática de visualização na qual conhecia o homem certo e ia viver feliz com ele. Embora abordasse essa prática com determinação, ela achava difícil obter uma imagem clara de si mesma casada e feliz. Finalmente, ela se deu conta de que tinha uma antiga imagem da vida no casamento que contradizia inteiramente essa imagem feliz. A antiga imagem se baseava na sua mãe, casada com um alcoólatra e mãe de quatro filhos, chorando e ameaçando ir embora, e depois chorando ainda mais amargamente porque sentia que nunca iria partir. O medo de ficar encurralada numa situação parecida com a da mãe a impedia de se visualizar irrestritamente casada e feliz.

Recentemente, a idéia de que as circunstâncias em que vivemos são resultado dos nossos desejos tem sido criticada por pessoas que estão lidando com uma doença grave. Elas dizem que essa filosofia faz com que elas se sintam envergonhadas por estarem doentes, como se a doença demonstrasse uma falta de força de vontade. É preciso reconhecer que as causas da doença, e mais provavelmente também as de outras circunstâncias, são complexas. O sistema imunológico é enfraquecido não apenas pelo nosso estado psicológico, mas também pela poluição, pelos diversos vírus, etc. As causas metafísicas em si são complexas e difíceis de serem analisadas. Entretanto, na medida em que a doença é causada por condições psicológicas, o responsável por ela geralmente não é o estado emocional ou mental atual. A dor emocional, quando retida no corpo durante décadas, é capaz de provocar sérios bloqueios na circulação da energia. É esse bloqueio que acaba por causar a doença. Isso não é, de modo nenhum, um sinal de fraqueza da parte da pessoa doente. Ninguém está totalmente livre da dor da infância aprisionada no corpo. Mas significa que existe a possibilidade de cura, pela liberação desses padrões psicológicos de aprisionamento. Além da cura pela liberação da dor emocional retida, algumas pessoas conseguiram se curar com a visualização e a prece, bem como com a harmonização sutil descrita no capítulo anterior. Essa possibilidade é extremamente real e não deve ser desconsiderada pelo fato de que nem sempre traz bons resultados.

Criamos a nossa vida em parceria com a sabedoria da nossa totalidade. Embora possamos usar nosso poder de criação para influenciar a nossa vida, também precisamos nos render ao aspecto espontâneo do processo de crescimento. Na qualidade de pessoas incompletas, existem muitas coisas que não sabemos a respeito da natureza da morte ou da possibilidade de renascimento, e não podemos ter certeza absoluta de qual possa ser o resultado final mais positivo para nós. O Budismo Tibetano ensina que a prática da visualização sempre deve terminar com a dissolução da imagem na consciência vazia. A liberação da visualização é tão importante para sua eficácia quanto a visualização em si. Crescemos por uma combinação de criatividade e entrega, de vontade e espontaneidade.

O aspecto desejo/resposta do nosso relacionamento com o universo freqüentemente é descartado como sendo a pior espécie de tagarelice da Nova Era. Ele pode facilmente ser rotulado de "pensamento mágico", um dos piores insultos da psicologia, porque ele efetivamente aponta para um aspecto mágico da natureza. Mas essa é uma mágica que acontece o tempo todo na nossa vida e constitui uma das leis básicas do universo. A metafísica hindu chama o universo de "pedra preciosa para satisfazer desejos". Nos últimos anos, o médico indiano Deepak Chopra trouxe essa idéia a um público ocidental crescente, fazendo referência ao "computador cósmico", ao qual podemos nos conectar para "conseguir a espontânea realização dos desejos".

Antes, neste livro, eu disse que a pessoa é como uma deformação ou dobra no tecido da consciência fundamental. Ela está tentando se endireitar, recuperar sua unidade essencial com a consciência fundamental. E a consciência fundamental está tentando se livrar dessa dobra ou ruga em si mesma. A pessoa e a consciência fundamental como um todo estão em parceria nessa correção porque são basicamente a mesma consciência. Se encararmos o relacionamento pessoa/cosmo como um sistema, também podemos dizer que esse sistema é impulsionado pela entropia — a tendência de todos os sistemas no sentido do equilíbrio, que é a sua anulação. Em outras palavras, a dobradura que é o nosso eu incompleto tende a se endireitar, tende ao equilíbrio e à unidade que será, em última análise, a extinção do sistema. (A completa iluminação freqüentemente é chamada de extinção ou a "grande morte", na terminologia budista.)

O sistema pessoa/cosmo é impulsionado na direção do equilíbrio pela estimulação, pelo desejo/resposta e (como iremos ver na próxima seção) pela gravidade. O desejo surge da tensão da nossa imperfeição, ou do fato de nos deturparmos e nos afastarmos da realidade. Projetamos nosso desejo sobre bens materiais, etc., mas todo desejo é basicamente o desejo de nos livrarmos da tensão da nossa imperfeição. O desejo é a força da nossa vontade em direção ao equilíbrio e à totalidade. Toda satisfação do desejo é sentida como prazer porque libera as tensões.

É importante ficar cuidadosamente em sintonia com nossos

desejos, pois eles formam o nosso caminho individual em direção à totalidade. Nas palavras de Joseph Campbell, temos de "seguir a nossa felicidade". À medida que os desejos inconscientes da nossa mentalidade infantil aprisionada são resolvidos, as circunstâncias começam a se ajustar aos nossos desejos conscientes. Ficamos menos fragmentados, o mesmo acontecendo com o nosso desejo. Começamos a sentir que desejamos a totalidade, que ansiamos por nos ligar ao nosso eu e ao eu dos outros, que queremos compreender nossas partes entorpecidas para despertar nossa consciência como um todo. Nesse ponto, o universo, o nosso eu completo, nos oferece oportunidades para trabalhar diretamente a nossa maturidade.

GRAVIDADE

O equilíbrio perfeito é a completa iluminação. O equilíbrio é o nosso alinhamento com o campo gravitacional terrestre; ele é a nossa unidade, o nosso verdadeiro relacionamento com a Terra. Como eu já disse no capítulo anterior, a gravidade não incide sobre nós e, sim, através de nós, porque não somos objetos sólidos, mas campos de vibração. Quando deixamos de nos agarrar defensivamente ao nosso eu, quando acomodamos o peso do nosso ser no chão, uma força ascende da Terra, através do espaço do nosso corpo, da nossa energia e da nossa mente, nos puxa em direção ao equilíbrio. Onde quer que tenhamos fechado o nosso organismo ao estímulo da vida, estamos desequilibrados. O movimento da gravidade exerce uma força contrária a esses desvios defensivos, como a água que faz força contra uma barreira. É como se cada um de nós estivesse aprendendo a cavalgar o movimento da Terra através do espaço, sem interferências. À medida que vamos ficando mais abertos à gravidade, vamos ficando mais equilibrados. Abertura, equilíbrio e iluminação são sinônimos. Por conseguinte, o movimento da Terra (e o nosso) através do espaço estão diretamente envolvidos no nosso processo de amadurecimento.

É a força do nosso movimento através do espaço que se move pelo nosso corpo, penetrando nele com uma profundidade cada vez maior, à medida que vamos ficando mais abertos. Eu acho que vale a pena considerar que a poderosa energia que finalmente se move através do núcleo vertical do nosso corpo *(kundalini)* nos estágios avançados da nossa abertura é essa mesma força do nosso movimento através do espaço. Como percebemos a consciência fundamental por meio do núcleo vertical do nosso corpo, esse estágio avançado nesse alinhamento com a gravidade corresponde à nossa percepção da consciência fundamental.

O papel primordial da gravidade no processo de iluminação torna a descontração uma parte importante da prática espiritual. Para que a gravidade penetre no nosso corpo, precisamos nos submeter a ela, precisamos descansar. Isso também mostra a importância do sono no processo natural do crescimento. É durante o sono que o corpo fica mais relaxado. Este fato pode explicar por que existe freqüentemente uma emergência e resolução espontânea da nossa dor aprisionada nos nossos sonhos. Assim como a estimulação do universo e das circunstâncias da vida trazem nossa dor aprisionada à consciência, o movimento da gravidade através do corpo também penetra essa dor e a traz à consciência.

ESPONTANEIDADE

No Capítulo 3, dividi o processo de crescimento em dois componentes — a cura e a percepção. Esses dois componentes são espontâneos. Nosso relacionamento com o universo desperta o potencial sutil do nosso ser, ao mesmo tempo que facilita o movimento da nossa dor aprisionada em direção à consciência. Na psicoterapia, trabalhamos o componente da cura do nosso crescimento; nas disciplinas espirituais, trabalhamos o componente da percepção. Embora, na teoria, possamos fazer essa divisão, na prática as duas modalidades estão inextricavelmente relacionadas. À medida que ficamos curados psicologicamente, passamos a ter mais acesso à consciência fundamental, e à medida que percebemos a consciência fundamental, podemos liberar mais facilmente a dor psicológica. Mas tanto na modalidade psicoterapêutica quanto na espiritual, estamos apenas facilitando um processo que é espontâneo e inerente à nossa natureza.

Muitas escolas de pensamento psicológico e espiritual estão reconhecendo a espontaneidade do processo de crescimento. O *Rebirthing* e o *EMDR* (Terapia do *Eye Movement Desensitization and Reprocessing)*, por exemplo, são maneiras de ajudar a desfazer o nó dos nossos padrões de constrição. Um novo critério está nascendo na psicoterapia, de um modo geral, sugerindo que o terapeuta siga a direção do processo do cliente da maneira como ele o apresenta na sessão, em vez de se aproximar dele com um diagnóstico estático e um plano de tratamento.

O Budismo Zen ensina um tipo de meditação chamado *shikantaza*, que é a prática de nos sentarmos sem um objeto particular de concentração. Ensina-se que o simples fato de se sentar imóvel e respirar levará gradualmente a pessoa que medita à iluminação. O erudito e mestre zen Philip Kapleau escreve o seguinte: "A verdadeira base do shikan-taza é a fé inabalável de que sentar-se como Buddha se sentou, com a mente vazia de todos os conceitos, de todas as crenças e pontos de vista, leva à percepção ou ao desabrochar da mente-Bodhi, inerentemente iluminada, com a qual todos somos contemplados."

A escola Dzog-chen do Budismo Tibetano ensina a mesma técnica de sentar-se imóvel, enquanto a mente gradualmente vai ficando lúcida e percebe a consciência fundamental. O mestre budista tibetano Chogyam Trungpa Rinpoche escreveu: "Podemos nos libertar como uma cobra que se desenrola."

A imagem do desenrolar costuma ser usada para descrever a

natureza do crescimento pessoal. O linguajar cristão refere-se à espiral humana ou à espiral de sofrimento. Estou sugerindo que a dor retida no nosso corpo é realmente uma espiral, um desvio que se afasta da vida. E cada bolsão de memória e dor enterrada contém a tensão desse desvio. Como na arte de manejar o arco, quando este é retesado para lançar a flecha, as tensões retidas no nosso corpo também contêm o *momentum* para a volta à sua origem, tão logo se inicia o processo de liberação. Esse *momentum*, liberado pela estimulação, pelo desejo/resposta e pelo movimento da gravidade, produz o desabrochar espontâneo do componente da cura do nosso caminho em direção à totalidade.

PROJEÇÕES SOBRE DEUS

Começamos a sentir nossa unidade com o universo, bem como nossa fase avançada de individuação, quando temos acesso ao núcleo vertical do corpo. Com esse fato, começamos a perceber que o nosso ambiente primário não é a sociedade, e sim o próprio cosmo. Isso não abala de modo nenhum nosso sentimento de integridade social ou o prazer que sentimos por estar na companhia de outros seres humanos. Na verdade, somos capazes de nos relacionar com o mundo com mais clareza e apreço. Mas o nosso sentimento de pertencer ao mundo está acoplado ao sentimento de pertencer a algo além, e num certo sentido mais real, do que o mundo que nos cerca. Além disso, nossa ambição de ser bem-sucedidos no mundo agora está combinada com o novo entendimento de que nossa meta primária não depende do sucesso mundano. Estamos em sintonia com uma dimensão que não é afetada pelas opiniões e modismos da sociedade. Ao nos tornarmos o nosso eu autêntico, nós nos tornamos originais. Estamos usando nossos sentidos para perceber o mundo e nossas habilidades cognitivas para compreender o mundo e reagir a ele. Eu acredito que nesse ponto temos um valor bem maior para a sociedade.

Também recebemos amor e ajuda no nosso relacionamento com o universo. Isso significa que não precisamos mais ser "espelhados" por outro ser humano para sentir que existimos ou que temos valor. Não precisamos compartilhar uma experiência com outra pessoa para a sentirmos plenamente. Embora sejamos capazes de sentir mais prazer e intimidade com as outras pessoas do que nunca, não precisamos estar tendo um relacionamento com alguém para perceber que somos amados. O amor e a existência são qualidades constantes e naturais da consciência fundamental e da nossa unidade com o cosmo. Na medida em que percebemos a consciência fundamental, não sentimos mais a ansiedade "existencial" da solidão.

Quando percebemos a consciência fundamental, abandonamos nossa lealdade para com os padrões restritivos do nosso relacionamento com a família da infância. Pouco a pouco passamos a ver através das projeções que fizemos da nossa família da infância sobre nossos relacionamentos atuais. E descobrimos que precisamos passar pelo mesmo processo no relacionamento com o universo.

Quase todos nós formamos desde a infância uma noção (geralmente inconsciente) da origem da sorte ou do azar, uma imagem de Deus que agora obscurece nosso relacionamento direto com o universo. Deus costuma ser apresentado às crianças sob o aspecto de uma figura paterna distante, com o poder de punir e recompensar. Com efeito, grande parte da religião ocidental imagina Deus dessa forma. Essa imagem nos aprisiona numa atitude de servidão e reverência, que nos impede de conhecer o nosso eu essencial como a realidade última. Nesse relacionamento com Deus, as pessoas consideram a percepção do eu como Deus um sacrilégio, uma arrogância. Sem dúvida, essa é a pior afronta à autoridade da imagem paterna de Deus. Mas se não soubermos que o nosso eu é a realidade última, não sentiremos a verdadeira unidade que sustenta e permeia toda a vida, pois só podemos penetrar nessa unidade entrando sutilmente em sintonia com o nosso eu.

Facilmente projetamos sobre uma figura paterna de Deus o amor imperfeito e condicional que recebemos dos nossos pais. Trabalhei, por exemplo, com um homem que tinha um sentimento profundamente enraizado de não pertencer a nada, de ser rejeitado por Deus. Ele não conseguia imaginar coisas boas acontecendo a ele, porque não queria tentar sentir-se ligado a algo que o havia rejeitado. Quando comecei a conhecê-lo melhor, descobri que ele tinha sido mandado para um colégio interno aos três anos de idade, lá permanecendo durante toda a infância, apesar de seus pais estarem vivos. Ele nunca tinha se permitido sentir, nem mesmo quando criança, a dor e a confusão geradas por essa rejeição, tendo dirigido, em vez disso, o seu senso de alienação para Deus.

Quase todos os ensinamentos das religiões sugerem que precisamos implorar a Deus o nosso bem-estar e boa sorte. Nos piores casos, aprendemos que Deus não quer que sejamos completos, aprendemos que ele condena a sexualidade, a expressão de nós mesmos e o amor por nós mesmos. Trabalhei com uma mulher que me disse que tinha se rebelado contra Deus para ser ela mesma. Infelizmente, ela pagou um preço muito alto por essa rebeldia. Embora se sentisse independente, era incapaz de sentir que era uma boa pessoa porque estava em conflito com Deus. Ela exibia uma resplandecente "má" *persona*, que mascarava uma profunda sensação de vergonha e aversão por si mesma. Ainda mais perturbador para ela era o sentimento de estar separada de Deus, do seu verdadeiro relacionamento com o universo e com o seu profundo eu espiritual. Mas ela estava convencida de que, para sentir essa ligação, teria de desistir da sua sexualidade e do direito de pensar por si mesma. Contudo, quando começou a examinar a história de sua vida, ela percebeu que fora no lar da sua infância e nas aulas da escola dominical que sua vitalidade sensual e suas opiniões incipientes haviam sido rejeitadas.

Também fazemos projeções positivas sobre o universo, imaginando-o, por exemplo, como a Virgem Maria ou o Jesus que tudo perdoa. Essas projeções podem ser úteis em certos pontos do nosso desenvolvimento porque retratam com precisão os atributos da inteligência cósmica, e fornecem metáforas úteis para o nosso relacionamento com o cosmo. Mas mesmo essas imagens um dia precisam ser abandonadas para que tenhamos um contato direto e experimentemos a unidade com o cosmo. Existe uma história que conta que o grande mestre hindu Ramakrishna costumava adorar um entalhe em pedra de Krishna. Certo dia, Ramakrishna sonhou que seu mestre apareceu para ele e esfregou a pedra contra a sua testa até ele sentir muita dor e resolver desistir dessa prática espiritual dualística.

Quando abandonamos nossas projeções, começamos a sentir o amor e a benevolência perfeitos do universo, do nosso eu completo. Somos capazes de receber seu carinho e de confiar em suas leis de evolução. Isso significa que não temos mais de nos manter rigidamente separados e sozinhos, numa tentativa desesperada de sobreviver aos imprevisíveis caprichos de um deus distante ou às calamidades fortuitas de um universo sem deus. Podemos nos submeter ao desenrolar natural dos acontecimentos na nossa vida, bem como à percepção, ao amor e ao sentimento que nos tornam unos com a vasta consciência do cosmo. Nas palavras de Karlfried Graf Durckheim, "A fé é inata em todos os homens, graças ao vínculo que os une à base da Existência". A fé, que tantos de nós perdemos no conflito com o Deus da nossa infância, retorna com a percepção da consciência fundamental, não apenas como crença, mas como uma qualidade inata do nosso ser.

Descobri que muitos problemas psicológicos, que parece que não são afetados pela percepção da sua origem infantil, acabam sendo curados quando nos conscientizamos do nosso relacionamento com o universo. Certa mulher me procurou porque durante a vida inteira comera compulsivamente. Ela fora capaz de descobrir a origem do seu problema, ou seja, ela substituíra o amor ambivalente da mãe por comida, mas mesmo assim continuava a comer muito mais do que sua fome física determinava. Ela estava apavorada com a idéia de que o sentimento de não ser amada a destruiria se ela não continuasse a preencher esse vazio emocional com comida. Foi somente quando percebeu a consciência fundamental, e conseguiu efetivamente sentir o amor do universo impregnando-a interior e exteriormente, que ela foi capaz de deixar de comer demais. Também trabalhei com um homem que dizia o tempo todo: "Eu sei que não era amado quando criança, mas o que devo fazer a respeito? Existe simplesmente algo faltando em mim." Na verdade, nada está faltando em nós, não importa qual tenha sido a nossa experiência na infância. Mas por causa dessa antiga dor, criamos uma defesa contra o amor que está dentro de nós e à nossa volta. Quando conseguimos nos livrar dessa resistência e resolvemos sentir nossa unidade com o cosmo, sentimos que o amor é um aspecto constante do nosso ser.

DHARMA — A ÉTICA DA CONSCIÊNCIA FUNDAMENTAL

Nosso verdadeiro relacionamento com o universo contém uma perspectiva cósmica inerente. Quando percebemos que nosso ser essencial é uma dimensão da consciência que também é o ser essencial de todas as outras formas de vida, sentimos uma afinidade subjacente com todas as pessoas que encontramos. Podemos usar a metáfora de um instrumento musical. Se formos todos basicamente pianos, mesmo que encontremos um piano que toque uma música muito diferente da nossa, podemos sentir que também temos o potencial de tocar essa música. Quando conhecemos o nosso eu como a base da vida que tudo permeia, é porque aprendemos a linguagem básica de todos os seres, inclusive a dos animais e das plantas. Nesse campo comum da consciência fundamental, não precisamos adotar uma atitude estática de benevolência, que obscurece a riqueza dos nossos sentimentos, bem como a qualidade direta do contato com o nosso eu e com os outros. Sentir efetivamente o coração de um pássaro, a percepção sutil de uma árvore ou as emoções complexas de uma outra pessoa evoca uma reação espontânea de empatia e compaixão.

Existe também uma manifestação mais sutil da ética na consciência fundamental. Isso está expresso na palavra sanscrítica *dharma*. Na tradição budista, essa palavra encerra múltiplas conotações. Ela traduz a visão metafísica budista do universo e da iluminação, o ensinamento dessa visão e a vivência dessa visão. A tradução direta de "dharma" é "justiça". Viver dharmicamente significa praticar a justiça da iluminação. Mas essa prática não é um conjunto preconcebido de comportamentos. Ela é o alinhamento da pessoa com as leis metafísicas do universo e com a grande benevolência inerente a essas leis. Na medida em que percebemos a consciência fundamental, estamos unificados com a sabedoria e o amor do todo, bem como com o espontâneo desenrolar rumo à iluminação de todas as formas da criação. Nessa dimensão, nossas escolhas de ação são as escolhas do universo, e todas as nossas ações servem ao avanço rumo à iluminação de toda a vida, inclusive da nossa. Não temos de ter vergonha e nos sentir obrigados a praticar boas ações. Nossa verdade será benéfica à verdade da vida que nos cerca.

A idéia de que podemos estar alinhados com a vontade de Deus também existe na religião ocidental. No judaísmo, existe o conceito do *mitzvah*, que tem uma amplitude de significado que se estende de uma boa ação a uma atitude habitual de eqüidade e benevolência com relação aos outros. O erudito judeu Abraham J. Heschel escreve o seguinte: "Toda ação praticada de acordo com a vontade de Deus é um *mitzvah*." O escritor hassídico Reb Zalman Schachter define o *mitzvah* como "a vontade divina se manifestando por meio do veículo do devoto agora destituído de um ego".

O intérprete cristão Maurice Nicoll escreve o seguinte: "Quando o Bem vem em primeiro lugar, o homem age a partir da misericórdia e da graça. Depois, ele se torna Completo. Quando ele é Completo, deixa de cometer falhas." Nessa citação, temos a idéia de que a pessoa se torna completa sendo boa. E temos a idéia mais sutil, bastante semelhante à idéia budista do *dharma*, de que ela está no rumo certo, de que não vai mais cometer falhas. E sua ação irá beneficiar todas as pessoas envolvidas.

CONCLUSÃO

Acima de tudo, o caminho espiritual é um método para nos tornarmos verdadeiros. Nossa verdadeira natureza é a totalidade dentro do nosso eu e a unidade com o cosmo. Para avançar no caminho espiritual, precisamos adotar o seguinte paradoxo: crescemos na direção da totalidade como indivíduos separados, ao mesmo tempo que transcendemos essa separação e nos tornamos uma coisa só com o cosmo. Ambos envolvem o desabrochar das nossas qualidades humanas essenciais — percepção, amor e sensação física. Ambos requerem a integração do amor e do desapego, da distância e da intimidade.

Não podemos nos tornar reais fingindo que somos diferentes do que somos agora. Mesmo depois de termos começado a perceber a consciência fundamental, ainda somos pessoas incompletas e fragmentadas, ao mesmo tempo que estamos em sintonia com a dimensão da totalidade e da unidade. Isso significa que mantemos o direito humano de ficar deprimidos, embora sejamos cada vez mais capazes de sentir alegria e paz.

À medida que nossa percepção progride, nosso anseio de ser completos fica cada vez mais forte. Finalmente, ele torna-se o ponto central da nossa vida, a base de nossas escolhas na vida e a fonte fundamental da nossa satisfação. No mundo moderno, como provavelmente em todas as épocas anteriores, a pessoa em evolução precisa nadar contra as fortes e hipnóticas marés da ignorância e da descrença. Quando percebemos a consciência fundamental, passamos a viver numa dimensão desconhecida para a maioria das pessoas. Passamos a ter apenas a nossa percepção para nos guiar e tranqüilizar. Precisamos confiar nos sinais sutis que marcam nosso caminho pessoal em direção à totalidade — as correntes cada vez mais profundas de energia no nosso corpo, a liberdade da nossa respiração, a radiância do ar, a sincronicidade entre os eventos exteriores e nossas esperanças e necessidades interiores, e a expansão da nossa consciência, que impregna o nosso corpo e o nosso ambiente. Embora a afiliação religiosa seja por certo uma opção, depois que penetramos na dimensão da consciência fundamental, não existe a necessidade de um ritual exterior ou de uma disciplina rigorosa. O caminho emerge à medida que avançamos, atraindo para nós as circunstâncias e práticas que irão facilitar o nosso trabalho. Como nosso mundo contemporâneo raramente nos dá apoio quando raspamos a cabeça ou pedimos esmola, precisamos encontrar nosso caminho na vida e reagir aos aspectos mais convencionais da sociedade, ao mesmo tempo que permanecemos no nosso caminho único e invisível. Na essência de todos e de tudo situa-se o radiante e ininterrupto "Eu", a origem do universo. Quando vivemos nessa essência, sentimos a integração natural do corpo, do verdadeiro eu, com a base transcendente, difusa da consciência fundamental.

NOTAS

CAPÍTULO 1: *Como Definir Iluminação*

18 Tudo no universo . . . : Seng Chao (374-414 d.C.), koan Zen tradicional.

20 Eu sou o Brahman supremo. . . : Sri Shankaracharya, *Upadesa Sahasri*, trad. Swami Jagadananda (Mylapore, Índia: Sri Ramakrishna Math Printing Press, 1989), 111.

CAPÍTULO 2: *Definições de Eu e de Abnegação*

39 desistirmos de uma vida completamente. . . : Ken Wilber, *The Atman Project* (Wheaton, IL: The Theosophical Publishing House, 1980), 148.

39 Dalai Lama: Existem dois tipos de "Eu". . . : John F. Avedon, *Interview with the Dalai Lama* (Nova York: Littlebird Publications, 1980), 63-64.

41 Psicólogos como Alice Miller . . . : Alice Miller, *The Drama of the Gifted Child*, trad. Ruth Ward (Nova York: Basic Books, 1981).

46 Afirmamos a verdade da substancialidade . . . : A. H. Almaas, *Essence* (York Beach, ME: Samuel Weiser Inc., 1986), 76.

57 Nós nos sentimos como um vazio . . . : A. H. Almaas, *The Pearl Beyond Price* (Berkeley, CA: Diamond Books, 1988), 427.

57 Vimos que a mesma realidade . . . : Chandradhar Sharma, *A Critical Survey of Indian Philosophy* (Nagar, Índia: Motilal Banarsidass, Jawahar, 1987), 25.

60 centro de gravidade que se desloca ...: Daniel N. Stern, *The Interpersonal World of the Infant* (Nova York: Basic Books, 1985), 209.

62 A antiga idéia é que a personalidade . . . : A. H. Almaas, *Essence* (York Beach, ME: Samuel Weiser Inc., 1986), 59.

67 Saiba que o que tem forma . . . : Ashtavakra, *Ashtavakra Samhita,* trad. Swami Nityaswarupananda (Calcutá, Índia: Advaita Ashrama, 1981), 14-15.

67 perspectiva subjetiva unificadora . . . : Daniel N. Stern, *The Interpersonal World of the Infant* (Nova York: Basic Books, 1985).

CAPÍTULO 3: *O Processo da Cura: A Libertação do Corpo Causal*

71 Livre-se da sua sobreposição . . . : Sri Shankaracharya, *Vivekacu-damani*, apresentado por Judith Blackstone.

72 O bebê sente a essência . . . : A. H. Almaas, *Essence* (York Beach, ME: Samuel Weiser Inc., 1986), 84.

77 couraça do caráter e couraça muscular . . . ; o resultado de uma retenção. . . ; Nos organismos humanos encouraçados . . .; Também expliquei . . . ; O que permanece enigmático . . .: Wilhelm Reich, *Character Analysis,* trad. Vincent R. Carfagno (Nova York: Touchstone, 1945), 352; 352; 372; 378; 378.

CAPÍTULO 4: *Distância e Intimidade*

93 Na década de 50, Margaret Mahler formulou . . .: Margaret Mahler, *The Psychological Birth of the Human Infant* (Nova York: Bantam Books, 1975).

94 O apego e a separação . . .: Daniel N. Stern, *The First Relationship* (Cambridge, MA: Harvard Univ. Press, 1977), 128.

95 sentimento emergente do eu . . .; aquisição de novos sentidos . . .: Daniel N. Stern, *The Interpersonal World of the Infant* (Nova York: Basic Books, 1985), 10-11.

95 A formação da identidade feminina . . . : Carol Gilligan, *In a Different Voice* (Cambridge, MA: Harvard Univ. Press, 1982), 7-8; Nancy Chodorow, *The Reproduction of Mothering* (Berkeley, CA: University of California Press, 1978), 150, 166-167; Robert J. Stoller, "A Contribution to the Study of Gender Identity", *International Journal of Psycho-Analysis* 45 (1964): 220-226.

97 Questões clínicas, que . . .; olham na direção da mãe para ler no rosto . . .: Daniel N. Stern, *The Interpersonal World of the Infant* (Nova York: Basic Books, 1985), 10; 132.

97 Se a pessoa não sente . . .: R. D. Laing, *The Divided Self* (Tavistock, 1959); Baltimore: Penguin, 1965), 52-53.

CAPÍTULO 6: *A Pessoa e o Cosmo*

141 Todo o universo tem a mesma origem . . .: Seng Chao (374-414 d.C.), koan Zen tradicional.

141 Quando percebemos a nós mesmos, . . .: Namkhai Norbu, *The Crystal and the Way of Light* (Nova York: Routledge & Kegan Paul, 1986), 124.

144 Como documenta Daniel N. Stern...: Daniel N. Stern, *The Interpersonal World of the Infant* (Nova York: Basic Books, 1985).

147 a manifestação do poder do que está reprimido: Sigmund Freud, *Beyond the Pleasure Principle,* trad. James Strachey (Nova York: W. W. Norton & Company, 1961), 14.

147 Harville Hendrix afirma . . .: Harville Hendrix, *Getting the Love You Want* (Nova York: Harper Perennial, 1988), 9.

147 Ficamos mais impressionados . . .: Sigmund Freud, *Beyond the Pleasure Principle,* trad. James Strachey (Nova York: W. W. Norton & Company, 1961), 16.

151 Nos últimos anos . . .: Leslie Miller citando Deepak Chopra, artigo na *Marin Independent Journal,* 10 de julho de 1994.

154 A verdadeira base do . . .: Philip Kapleau, *The Three Pillars of Zen* (Garden City, NY: Anchor Books, 1980), 7.

154 Podemos nos libertar . . .: Chogyam Trungpa Rinpoche, *Mudra* (Berkeley, CA: Shambhala, 1972), 7.

158 A fé é inata em todos os homens . . .: Karlfried Graf Durckheim, *Hara* (Londres: Unwin Hyman Limited, 1962), 11.

160 Toda ação praticada de acordo . . .: Abraham J. Heschel, *Between God and Man* (Nova York: The Free Press, 1959), 186.

160 a vontade divina se manifestando . . .: Reb Zalman Schachter, *Fragments of a Future Scroll* (Germantown, PA: Leaves of Grass Press, 1975), 40.

160 Quando o Bem vem em primeiro lugar, . . .: Maurice Nicoll, *The New Man* (Nova York: Penguin Books, 1967), 59.

GLOSSÁRIO

Auto-Realização: *ver* Iluminação.

Chakras: os pontos sensíveis ao longo do núcleo sutil do corpo e em outros lugares do corpo, onde é mais fácil penetrar na dimensão da consciência fundamental.

Consciência Fundamental: nossa dimensão mais sutil e unificada de consciência, que permeia o nosso corpo individual, o mundo e o cosmo; a realidade última de tudo na natureza.

Corpo Causal: como é descrito no sistema metafísico hindu, uma das cinco camadas (em sânscrito: *kosas)* do nosso ser, que ocultam nossa dimensão fundamental de consciência. Ela é chamada de camada de inteligência (em sânscrito: *vijnanamayakosa)*. É responsável, tanto por dar início à contração no nosso corpo, quanto por liberar essa contração para tornar-se una com a consciência fundamental.

Dharma: palavra sanscrítica para justiça e integridade. É usada no Budismo para denotar a natureza do universo, o viver e agir de acordo com a natureza do universo e o caminho da percepção da natureza do universo.

Experiência Direta: quando aquele que percebe e o que é percebido estão unidos no campo da consciência fundamental, que tudo permeia, a experiência direta significa a percepção imediata e precisa que não está mais obstruída pela defesa psicológica ou por idéias preconcebidas.

Experiência Máxima: uma experiência momentânea de forte impacto, freqüentemente acompanhada por uma capacidade de sentir mais aguçada, percepção intuitiva e emoções vívidas como a admiração ou o êxtase.

Falso Eu: todas as defesas, crenças estáticas e atitudes que escondem nossa dimensão fundamental de consciência.

Iluminação: a percepção — a experiência vivida — de que a natureza fundamental do nosso ser e de tudo o mais na natureza é a consciência pura e unificada que tudo permeia; a habilidade de viver na dimensão da consciência fundamental, que impregna, tanto o corpo individual da pessoa quanto tudo o mais na natureza.

Individuação: o processo de nos tornarmos plenamente nós mesmos — uma pessoa separada, com vontade, sentimentos, percepções, desejos e cognições próprias; a penetração gradual em direção ao núcleo sutil do corpo que é a fonte das nossas qualidades essenciais de ser e do nosso sentimento autêntico do eu.

Kundalini: o nível mais sutil do nosso sistema de energia, que corre através do núcleo vertical do corpo, e uma rede de canais sutis que se estendem a partir desse núcleo.

Não-Dualidade: a unidade ou continuidade sentida do eu e do objeto na dimensão da consciência fundamental.

Narcisismo: uma inflação simulada do sentimento do eu de uma pessoa, para compensar um sentimento insignificante e diminuído do eu.

Núcleo Vertical do Corpo: um canal sutil no eixo central do corpo, que é o nosso caminho de entrada para a dimensão da consciência fundamental. No Budismo, é chamado de canal central; na ioga hindu recebe o nome de *shushumna*. Quanto mais acesso temos ao núcleo vertical do corpo, mais espaço conquistamos na dimensão da consciência fundamental.

Processo de Individuação-Separação: teoria psicológica sobre o desenvolvimento no início da infância, descrevendo uma seqüência de fases que levam ao reconhecimento gradual da pessoa como indivíduo, separada da mãe.

Qualidades Essenciais: aspectos fundamentais e experimentados do nosso ser — como a sexualidade, o poder, o amor e a inteligência — que emanam do núcleo vertical do corpo.

Sincronicidade: a congruência entre o nosso processo psicológico interior e as circunstâncias externas da vida.

Sistema de Energia: o aspecto dinâmico do nosso ser, formado por um complexo sistema circulatório de vibrações que variam de densas a sutis, e se movem através da vasta imobilidade da consciência fundamental.

Sistema Nervoso Sutil: um sistema complexo, mapeado na ioga hindu, de canais sutis, correntes de energia e pontos (em sânscrito: *chakras*) distribuídos pelo corpo. O principal canal do sistema nervoso é chamado de *shushumna*, e corre através do núcleo vertical do corpo. Dois outros canais, conhecidos como *ida e pingala*, correm de cada lado do *shushumna*, cruzando-se em determinados pontos para criar uma forma que lembra a dupla hélice do DNA ou o bastão simbólico da profissão médica. Os sete pontos ao longo do *shushumna*, onde *ida* e *pingala* se cruzam, são os principais chakras do corpo.

Trabalho com o Eu Sutil: um método desenvolvido pela autora, visando a percepção da consciência fundamental.